KB220116

매력의 기술

매력의 기술

COOL & SKILL 한광일 지음

마음의숲

매력의 사전적인 의미는 '남의 마음을 호리어 사로잡는 야릇한 힘'이다. '매魅'는 '도깨비', '요괴', '홀리다' 등의 뜻을 지닌 한자다. 마치 도깨비나 요괴에게 홀리듯이 도무지 어찌할 길 없이 마음이 흔들리고 육신이 자극을 받는 어떤 강력한 영향력이 바로 '매력'이라는 말이다.

매력이란 한 사람에게서 풍기는 여러 가지 아름다운 모습을 의미하는데, 외모나 내면의 성격적 특성이 어우러져 그 사람의 매력을 결정하는 것이다. 그러나 진정한 매력이란 자신이 갖고 있는 여러 가지 능력들이 한꺼번에 풍기는 이미지라는 것을 알아야 한다.

인생에서 성공하고 행복하려면 남보다 돋보이는 매력을 갖추어야 한다. 매력 요소가 많을수록 사람들에게 호감을 얻을 뿐 아니라, 사회생활을 하는 데 유리한 이점을 얻을 수 있으며, 다른 사람으로부터 부러움과 존경을 한 몸에 받을 수 있다.

결론적으로 말하자면, 매력을 갖춘 사람만이 성공할 수 있고 행복할 수 있다. 물론 외모를 아름답게 가꾸어 사람들로부터 매력적인 사람이라는 평가를 받을 수도 있다. 그러나 선천적으로 뛰어난 외모를 지닌 사람이나 요즘 유행하는 성형을 해서 외모에 자신감을 얻은 사람 모두 그 외 다른 매력을 발산하기는 어렵다. 왜냐하면 다른 사람에게 영향력을 끼치고, 자신의 인생을 성공으로 이끄는 매력을 갖추려면 노력이 뒤따라야 하기 때문이다.

남성들은 흔히 아무리 예뻐도 무식한 여자는 용서할 수 없다고 말한다. 그러므로 여성이 매력적인 외모뿐 아니라 매력적인 내면을 지니고 있다면 그야말로 금상첨화인 것이다.

매력이 비단 여성들만을 위한 것이겠는가. 매력은 여성들의 전유

물이 아니며, 남성들의 매력 또한 매우 중요하다. 남녀를 불문하고 인생을 성공적으로 살아가기 위해서는 우선 자신만의 매력적인 내면 특성을 갖추어야 한다. 지금 우리 사회에서는 '매력'이라는 말이 경영과 리더십에서 새로운 트렌드로 자리 잡고 있기 때문이다.

최근 수많은 사람들이 트렌드에 발맞춰 성공과 행복을 가져다주는 매력을 지닌 인물이 되고자 갈망하고 있다. 외모가 중시되는 요즘, 내면의 아름다움 또한 강조되고 있다. 뿐만 아니라, 매력을 갖춘 사람이라는 평을 들어야 성공할 수 있는 시대가 되었다.

그렇다면 성공을 가져다주는 매력이란 무엇이며, 그러한 매력을 갖추려면 어떤 노력을 해야 할까? 그 해답은 이 책 속에 있다. 이 책은 당신의 매력을 경영해 사람들로부터 호감을 얻고 다른 사람을 압도하며, 성공하고 행복해지는 비결을 알려 준다.

자, 이제 이 책에서 제시하는 항목들을 일상생활에서 실천해 보라. 머지않아 당신은 매력을 갖춘 사람으로 거듭나게 될 것이며, 성공의 문으로 성큼 들어서게 될 것이다.

2010년 한광일

차례

01

매력형 인간이란

COOL&SKILL

가장 강력한 힘은
매력

    세상에서 가장 강력한 힘은 무엇일까? 일반적으로 권력과 돈을 꼽지만 그것은 유한하다. 독재 권력은 강한 힘을 발휘했지만 사회가 민주화되면서 서서히 사라졌다. 금력 역시 부패한 사회에서는 막강하지만, 갈수록 그 힘을 잃어가고 있다.

  반면, 매력은 무한한 힘을 갖고 있다. 겉으로 볼 때 매력형 인간이란 멋, 세련미, 카리스마, 관능미, 쿨cool함, 아름다움 등의 요소를 갖춘 사람을 말한다. 그러나 진정한 매력형 인간은 그런 겉모습뿐만 아니라, 창의적이고 열정적인 요소까지 두루 갖춘 사람을 말한다는 사실을 알아야 한다.

  미국의 투자 그룹인 버크셔 헤서웨이 사의 워런 버핏은 보유 재산이 64조로 현재 세계 최고의 부자다. 그는 3년 전 빌 게이츠가 설립

한 〈빌 앤 멜린다 게이츠 재단〉에 전 재산의 85%인 38조를 기부했다. 그는 번 돈을 자신의 재단도 아닌 다른 재단에 기부했고, 50년째 같은 집에 살면서 오래된 중고 자가용을 기사도 쓰지 않고 직접 운전하며 열정적으로 일하고 있다. 천문학적인 수익을 내는 회사의 CEO이지만 그는 25년 이상 연봉 10만 달러를 고집하고 있으며, 취미로 탭댄스를 즐기고 있다. 간혹 성공한 부자들 가운데도 결코 행복해 보이지 않는 경우가 있는데, 워런 버핏은 예외라고 할 수 있다.

또한 미국의 전직 대통령 클린턴의 아내 힐러리는 자신의 자서전에서 클린턴에 대해 말하기를 "흠집이 있어도 그만큼 매력적인 남자를 앞으로 만날 수 없을 것 같아 스캔들을 그냥 덮어 두기로 했다."고 밝혀 한때 사람들의 입방아에 오르내리던 남편을 일약 매력형 인간으로 상승시켰다. 혹자는 이를 두고 "진심인가, 아니면 정치적 야심인가."라며 의문을 던졌지만, 이 일은 클린턴을 매력형 인간으로 만드는 데는 성공한 셈이다.

매력형 인간의 요소는 카리스마, 이미지, 옷차림, 웃는 얼굴, 상상력, 창의력, 독창성, 건강함, 자신감, 열정, 신뢰, 비전, 끼, 나눔, 포용력, 도전, 꿈, 순수함 등을 말하며 이것들을 고루 갖춘 사람을 매력 있는 사람이라고 칭한다. 이러한 매력형 인간은 주변 사람의 마음을 사로잡아 어딜 가나 환영받고 실적이 좋으며, 행복과 부를 달성하기 쉽다. 매력 있는 사람이야말로 이 세상을 이끌어 가는 주축이 되며 새로운 가치와 행복을 창조하는 것이다.

우리나라에서 대학원생들을 대상으로 희망하는 배우자 상을 조사한 결과 1위가 '매력 있는 사람'으로 선정되었다. 결혼 상대로서도 매력형 인간이 주목받고 있다는 증거다.

매력이란 비단 한 개인의 작은 특징이 아니다. 이 시대는 매력이 모든 성공과 실패를 좌우한다. 그것은 사회 구성원으로서 부와 명성을 위해서도, 인간관계를 위해서도, 비즈니스를 할 때도 반드시 필요한 덕목임을 하루빨리 알아야 한다.

상품이나 서비스도 본질적인 가치 외에 '매력적 가치'를 제공해야 제값을 받을 수 있다. 만 원짜리 시계나 천만 원짜리 시계나 기능은 똑같다. 그러나 천만 원짜리 시계를 구입하고자 하는 사람들의 심리는 무엇일까. 무조건 비싼 것이 좋다는 선입견과 명품에 대한 막연한 동경 때문일까? 그보다는 사람들의 마음속에는 고가의 시계가 주는 명품으로써의 '매력'을 사고 싶은 심리가 작용하기 때문이다.

매력은 그 자체로 빛을 내는 마력이 있다. 또한 사람들을 강력하게 끄는 작용을 한다. 이렇듯 매력형 인간이 뜨는 시대이며 이제 매력이 없는 사람은 그야말로 '비호감 타입'으로 평가되고 있음을 깨달아야 한다.

심리학자들은 인간에게는 세 가지의 큰 욕구가 있다고 말한다. '건강, 성공, 행복'에 대한 욕구가 그것이다. 인간은 이 세 가지 욕구를 충족시키기 위해 평생 살아간다고 해도 과언이 아니다.

행복과 성공은 목표까지의 거리를 차츰 줄여 가는 것인지도 모른다. 자신의 한계를 조금씩 넓혀 가는 데 최선을 다한다면 성공은 그리 멀리 있는 것만은 아니다. 긴 잠을 자면 꿈을 이룰 수 없다. 남보다 더 많은 시간과 열정을 투자한다면 매력적인 인물로 살아갈 수 있을 것이다.

매력 있는 사람이 되려면 다음 네 가지 태도를 단계적으로 갖추어야 함을 기억하라.

1단계 지知. 잘 알아야 한다.

2단계 호好. 아는 것을 좋아해야 한다.

3단계 락樂. 자신의 일을 즐겁게 한다.

4단계 광狂. 열정을 가져야 한다. 즉, 미쳐야 한다.

한마디로 새로운 것을 알아 가는 것을 좋아하고, 그것을 즐기며, 마침내 미치는 단계까지 가는 태도가 당신을 매력 있게 만들어 준다. 살아가면서 지식을 많이 소유한다는 것은 참으로 멋진 일이다. 하지만 지갑 속에 든 칼은 무용지물이나 마찬가지다. 자신이 알고 있는 지식을 좋아해야 하고, 또 한 단계 나아가 그것을 즐길 줄 알아야 한다는 말이다. 그리고 그것에 미치기까지 한다면 그 사람은 행복하고 성공할 것이다.

매력형 인간으로
거듭나야 하는 이유

아인슈타인은 한 번 잘못 입력된 정보를 고치기 위해서는 열한 번 이상의 수정 입력을 필요로 한다고 말했다. 이와 같이 당신에게 잘못 자리 잡은 사고방식이 있다면 그것을 극복하고 고치기 위해서는 많은 수고를 각오해야 한다.

처음 한 번 잘못 인식된 이미지 때문에 세상살이에서 손해를 보고 소망하는 일을 이루기 어려울 수도 있다. 이러한 사실을 이해했다면 이제부터라도 매력형 인간으로 거듭나기 위한 노력을 시작해야 할 것이다.

매력형 인간이 되기 위해 노력하기 전에, 지금 당신의 모습을 '비매력형 인간'으로 간주하고 자신의 내면을 들여다보자. 비매력형 인간은 과연 어떤 모습일까.

비매력형 인간 유형

1 물질적인 것에 지나치게 신경 쓴다.

2 자신감이 없다.

3 다른 사람의 조언에 귀 기울이지 않는다.

4 잘 웃지 않으며, 다른 사람을 즐겁게 하지 못한다.

5 권위적이고 관념적이다.

6 다른 사람을 위한 일에 소극적이다.

7 모든 일에 열정이 없으며, 억지로 하는 듯하다.

8 작은 실패에도 좌절해 주저앉는다.

9 다른 사람의 작은 평가에도 발끈해 적대적이 된다.

10 칭찬에 인색하며, 다른 사람을 질투한다.

11 창의력을 계발하지 않고 인생을 주먹구구식으로 살아가려 한다.

12 배려가 없다.

13 변명을 잘한다.

14 화를 잘 내며, 곧잘 싸움에 휘말린다.

15 계획성 없는 생활을 한다.

16 무슨 일이든 중도에 포기하는 경우가 많다.

17 걱정 근심이 많다.

18 자신이 나서지 않고 다른 사람 뒤에서 일하려는 습관이 있다.

19 다른 사람이 먼저 인사하지 않는 한, 결코 먼저 인사하지 않는다.

20 몇몇 사람과만 친하고, 웬만해선 다른 사람과 친구가 되지 않는다.

21 누구에게도 존경받지 못한다.

당신에게 이와 같은 습성이 많이 있다면 그것은 당신이 이제까지 비매력형 인간으로 살아왔다는 증거다. 자 그럼 당신이 앞으로도 비매력형 인간으로 살아긴다면 과연 무엇이 이득이 될 것인가를 생각해 보라.

인생을 살아간다는 것은 수많은 사람들과 어울려 더불어 살아가야 한다는 의미다. 그 어떤 큰일도 엄밀한 의미에서 혼자 힘으로는 달성하기 어렵다. 모두가 원하는 성공이나 행복도 다른 사람과 함께하는 것이기에 매력적으로 느껴지지 않는가. 무인도에서 혼자 거부로 화려하게 살아간다면 과연 얼마나 행복을 느낄 수 있을까. 즉, 상대적인 가치 척도가 없다면 인간의 행복과 성공도 아무런 의미가 없다는 말이다.

인간은 사회적 동물이기에 다른 사람과의 상대적인 입장에서 얻어지는 것이 바로 행복이며 성공이다. 성공도 경쟁의 대열에서 이겨서 거두었을 때에만 그 맛이 달콤한 법이다. 그러므로 매력형 인간이란 이러한 여러 가지 상대적인 척도를 통해 다른 사람이 당신에 대해 느끼는 매력적인 이미지를 말한다. 매력적인 이미지를 가진 사람만이 경쟁의 대열에서 유리한 입장이 되며, 종국에는 인생의 성공과 행복을 얻는 데 누구보다 결정적인 열쇠를 지니게 되는 것임을 알아야 한다.

다행히 당신이 왜 매력형 인간으로 살아야 하는가를 충분히 이해하고 이제부터 매력형 인간이 되고 싶다는 생각을 품었다면, 그것으로 당신은 이미 승자 편에 돌아섰음을 의미한다.

비매력형 인간의 특성을 알았다면 매력형 인간의 특성은 더욱 알기 쉽다. 왜냐하면 비매력형 인간의 반대 모습이 바로 매력형 인간이기 때문이다.

매력형 인간으로 거듭나려면 우선 있는 그대로의 자신을 사랑하는 것부터 시작하라. 자기 자신이 어떤 모습을 하고 있든 간에 언제나 사랑해야 한다. 부모가 자식을 사랑하듯 무조건적인 사랑이어야 한다. 사랑하는 것과 자신의 잘못된 점을 고치는 것과는 분명히 다르다. 자신을 사랑하기에 자신을 고치는 것이라 생각하라. 인간은 자신이 바라보는 대로 행동하게 되어 있다.

우리는 성공과 실패라는 양면의 손을 늘 가지고 다닌다. 손의 위쪽은 실패, 불행, 고통, 슬픔이라고 씌어 있고, 안쪽에는 성공, 행복, 건강, 기쁨이라고 씌어 있다. 그런데 우리는 평생 동안 손의 위쪽만을 주로 보며 산다. 즉, 부정적인 면만 바라보고 있다.

사실 일생을 살아가다 보면 과거에 느꼈던 고통이 크면 클수록 훗날 느끼는 기쁨이 더욱 크다는 경험을 하는 경우가 많은데 이런 간단한 진리마저 경험 없이는 깨닫기 힘들다. 손바닥만 뒤집어 보면 그곳에 행복과 웃음, 기쁨이라고 씌어 있는데도 말이다.

아름다운 진주는 조개가 상처를 입어야만 만들어진다. 또 티베트의 성인 달라이 라마는 "성공은 보람이지만, 실패는 교훈이다."라고 말하지 않았던가. 우리가 바라보는 관점에 따라 운명도 얼마든지 바꿀 수 있는 것이다.

　매력형 인간으로 거듭나게 되면 자신뿐 아니라 다른 사람을 사랑하는 법도 알게 된다. 거기에서 새로운 자신의 이미지가 가꿔지며, 그것은 또 다른 장점을 불러온다. 단점과 장애를 문제라고 인식하지 않고, 해결해야 하는 것이라고 받아들일 때, 당신은 매력형 인간으로 바뀌기 시작할 것이다.

　당신을 매력형 인간으로 바꾼다면 내적인 이미지와 능력까지도 변하는 경험을 할 수 있을 것이다. 그리고 다른 사람의 능력까지 최대한 이끌어 낼 수 있는 저력을 발휘하게 된다. 당신이 누구이며, 직업이 무엇인가를 불문하고 당신이 만일 모든 인생 영역에서 가장 많은 보상을 받는 최선의 방법을 찾고 있다면 당신은 모든 상황, 모든 사람에게서 장점을 찾아내야 한다.

　당신이 일단 상대방의 장점이나 능력을 발견하기만 한다면 상대에게 더 잘해 주게 되고, 그 사람은 일을 더 잘 수행하게 된다. 결과적으로 당신에게 돌아오는 이익은 몇 배가 될 것이다.

　매력형 인간은 어떻게 행동하는 것이 현명한가를 알고 있으므로, 사람이나 인생 문제에 대해 결코 시간과 에너지를 낭비하지 않고 문제를 해결할 수 있다. '인생의 성공과 행복'이라는 커다란 비전을 갖고 있는 사람이라면 마음을 활짝 열고, 비매력형 인간이라는 족쇄를 과감히 풀어 버려야 한다.

매력은 승리의
이미지를 만든다

그렇다면 매력 있는 남자, 매력 있는 여자는 과연 어떤 사람을 말하는 것일까. 아마 보통 사람들은 대개 다음과 같은 사람을 매력 있는 사람이라고 느낄 것이다.

매력 있는 남자	매력 있는 여자
잘생긴 남자	아름다운 여자
포용력 있는 남자	애교 있는 여자
건장한 남자	건강해 보이는 여자
멋진 남자	세련된 여자
열정적인 남자	자신감 넘치는 여자
지적인 남자	청순한 여자

친절한 남자	교양 있는 여자
유머러스한 남자	미소 짓는 여자
다정다감한 남자	부드러운 여자
배려하는 남자	매너 있는 여자
카리스마 넘치는 남자	몰입하는 여자
모험적인 남자	창의적인 여자
든든한 체격의 남자	날씬한 여자
악기를 연주하는 남자	노래를 부르는 여자
성실한 남자	진지한 여자
칭찬 잘하는 남자	칭찬을 즐기는 여자

눈여겨보면 위에서 나열한 면들은 사람에게서 느껴지는 이미지임을 알 수 있다. 이미지는 사람의 외형적인 모습이나 겉으로 나타나는 분위기를 말하는데, 이런 이미지들이 합쳐져서 우리는 사람에게 호감을 느끼기도 하고 느끼지 못하기도 한다.

사람은 누구나 다른 사람에게 호감을 주고 싶어 한다. 그것은 좋은 이미지로 보이기를 원하고 매력적인 사람으로 평가받고 싶어 하는 인간의 본능이다. 흔히 사람들에게 매력적이라고 통하는 요소를 한 번 나열해 보면 건강하다, 멋있다, 카리스마 넘친다, 노래를 잘한다, 춤을 잘 춘다, 집념이 강하다, 의지가 강하다, 명쾌하다, 유머러스하다, 따뜻하다, 소박하다, 독특하다, 지혜롭다, 매혹적이다, 아름답다,

열정적이다, 미래 지향적이다, 긍정적이다, 사고방식이 순수하다 등이 있다. 또한 개성, 의외성, 자신감, 섹스어필, 신용, 노력하는 모습 등도 매력적인 요소가 된다.

이것은 모두 성공적인 승리의 이미지다. 몸과 마음이 건전하고 건강하게 무장되어 있는 사람이야말로 이런 이미지를 갖기에 충분할 것이다. 그러므로 당신이 인생의 성공과 행복을 얻고, 다른 사람에게 호감의 이미지로 다가가며, 매력형 인간으로서 승리의 깃발을 들고 싶다면 우선 당신이 승리의 이미지에 관심을 가져야 한다. 또한 당신이 다른 사람에게 좋은 인상을 주려면 먼저 좋은 이미지를 가져야 한다.

좋은 이미지를 잃어버린 사람은 다른 사람에게 승리의 이미지를 나타낼 수 없으며, 이런 사람은 일시적으로 일부의 사람들에게 호감을 얻을 수는 있지만 얼마 못 가 다른 사람과 호의적인 관계를 맺기 어려워진다. 당신의 입장에서 이미지가 좋지 못한 사람과 어울리고 싶겠는가를 생각해 보면 이해가 빠를 것이다.

사람이 사람에게 느끼는 이미지에는 사랑스러운 이미지, 귀여운 이미지, 강인한 이미지, 부드러운 이미지, 믿을 만한 이미지 등이 있다. 이미지란 그 사람의 매력 요소를 말한다. 개인의 매력은 한 사람에게 어떤 이미지가 강한가가 결정짓는 것이며, 회사의 매력은 회사의 이미지에 따라 달라진다. 지금 당신의 지위와 상관없이 모든 가치는 당신의 이미지에 달려 있다. 당신의 행복마저도 당신의 이미지에 바탕을 두고 있다고 해도 과언이 아니다.

스포츠 선수에게는 육체적인 노력이 성패를 좌우하는 법인데, 그러한 노력의 바탕이 되는 것은 바로 승리에 대한 확신이다. 권투 경기를 유심히 관찰해 보면, 체력은 상대방보다 떨어지지만 승리를 확신하는 선수는 실제로 링 위에서 현저한 이점을 얻게 된다. 이것을 보통 '투혼'이라 부르는데, 바로 승리의 이미지를 말하는 것이다. 승리의 이미지는 아드레날린의 분비를 촉진시킴으로써 초인적인 힘을 발휘하게 해 주어 무엇이든 잘할 수 있다는 강력한 믿음을 준다. 당신의 몸과 마음이 완전히 함께 움직일 때 당신은 결코 패할 수 없는 것이다.

골프에서도 게임의 99%는 마음에 달려 있다고 프로 골퍼들은 말한다. 체중이 적게 나가는 사람이 체중이 많이 나가는 사람보다 볼을 더 멀리 치고 더 잘 치는 경우가 많은 것이 그 증거다. 역시 게임의 승부는 승리의 이미지에 의해 결정되는 것임을 알 수 있다. 이처럼 좋은 이미지는 성공과 행복의 기초가 되는 것이다. 승리의 이미지를 만들기 위해서는 당신 자신부터 바꿔야 한다.

승리의 이미지를 개발하려면 다음 두 가지만 꼭 지켜라.

첫째, 모든 두려움과 의심을 버려야 한다. 만약 당신이 두려움을 갖고 있다면 그것은 결정적인 순간에 당신을 성공으로부터 멀리 떼어 놓을 것이다.

둘째, 무슨 일이든 최선을 다해 철저하게 준비하라. 철저히 준비한 당신에게서는 승리의 이미지가 풍길 것이다.

카리스마, 적극적 사고, 열정 등의 단어는 모두 승리의 이미지를 나타낸다. 이것이 당신의 매력으로 상대방에게 빛을 발하는 것이다. 승리의 이미지는 당신의 외모도 실제보다 훌륭해 보이고 젊어 보이게 한다. 왜냐하면 승리의 이미지는 당신의 모든 것을 달라 보이게 하기 때문이다.

매력으로 성공한 사람들

겸손의 매력

오랜 봉사 활동으로 노벨 평화상을 수상한 슈바이처 박사가 아프리카에서 의료 봉사하던 시절, 모금 운동을 벌이기 위해 잠시 고향으로 돌아가는 길이었다. 수많은 사람들이 그를 보기 위해 기차역에 몰려들었다. 사람들은 슈바이처가 당연히 일등칸에서 내릴 것이라 생각해 기다렸으나 아무리 기다려도 그는 내리지 않았다. 이상히 여긴 사람들이 고개를 갸웃거리고 있을 때, 슈바이처가 삼등칸에서 내렸다. 사람들이 그에게 일등칸에 타기를 권유하자 그는 이렇게 대답했다.

"아니, 글쎄 이 기차는 사등칸이 없더라고요."

이 얼마나 아름다운 매력인가. 훌륭한 사람일수록 한없이 자신을 낮추는 것을 볼 수 있다.

열정의 매력

한 하버드 대학 중퇴생이 세계적으로 수백만 대 컴퓨터의 표준 시스템의 창조자가 된 비결은 무엇이었을까. 31세에 역사상 가장 나이 어린 억만장자가 된 빌 게이츠를 우리는 부러워하지 않을 수 없다. 그러나 의외로 그 비결은 간단했다.

그는 '괴짜'로도 불렸고, 온갖 악평이 따라다녔다. 〈타임〉지에서는 평소 그의 습관이 마치 자폐증과 비슷하다는 자료를 내놓은 적도 있다.

컴퓨터 산업에서 빌 게이츠가 다른 사람에 비해 훨씬 많은 적이 있는 건 사실이다. 그러나 그는 "적을 만들지 않고 어떻게 세계에서 가장 부유한 사람이 될 수 있겠는가."라며 자신에 대한 악평을 신경 쓰지 않았다. 빌 게이츠가 경험을 통해 배운 것은, 유명해지는 것과 악평을 떨쳐 버리는 것이 서로 밀접하게 관련되어 있다는 것이다.

미국의 저널리스트인 코니 청이 빌 게이츠에게 자신을 정말로 컴퓨터광이라고 생각하느냐고 질문한 적이 있다. 그러자 그는 이렇게 대답했다.

"컴퓨터광이란 의미가 컴퓨터의 내부를 이해하면서 즐길 수 있고, 컴퓨터 앞에서 4시간 동안 앉아 있을 수 있으며, 컴퓨터를 가지고 놀면서 즐길 수 있다는 의미라면 나는 컴퓨터광입니다."

이처럼 그는 컴퓨터에 있어서만큼은 타의 추종을 불허할 정도로 광적이었던 것이다. 바로 이 점에서 우리는 그의 성공 비결을 엿볼 수 있다. 자신이 좋아하는 일에 광적으로 매달린다는 것, 누가 뭐래도 자신의 일에 매진하며 타인의 시선을 의식하지 않는다는 것 등이 바로 그것이다. 다시 말하면 빌 게이츠는 열정의 매력을 가진 사나이인 것이다.

성공한 사람들은 모두가 자신이 좋아하는 일을 했다. 세계 1위 갑부인 워런 버핏은 "자신이 좋아하는 일을 멈추지 말고 열정에 따르라."고 충고한다. "목표를 달성하기 위해서는 자신이 좋아하는 일을 절대 포기해선 안 되며, 부의 축적에만 너무 매달리지 말고 균형 잡힌 삶을 살아야 한다."라고 말했다.

역전의 매력

미국의 연예인 가운데 최고의 재산을 가진 억만장자이며 연봉 1,500억 이상의 수입을 올리고 있는 미국 토크쇼의 여왕 오프라 윈프리는 누구보다 불행한 시절을 보낸 사람이었다. 사생아로 태어나 아홉 살 때 사촌오빠에게 성추행을 당했고, 열네 살 때 미숙아를 사산했으며, 20대 초반에 남자 때문에 마약을 복용하기도 했다.

그리고 성인이 되어서는 못생긴 외모에 100kg이 넘는 몸무게로 인해 엄청난 스트레스를 받았으며, 사람들의 따가운 시선에 시달려야 했다. 또 볼티모어에서 한 유부남과 불륜의 사랑을 4년간 경험하면서 뼈저린 인생의 고통도 맛보았다.

혼자가 된 후 그녀는 호탕하게 웃으며 말했다.

"남자가 없으면 스파게티가 있어야죠."

그렇다면 불우하기만 했던 오프라의 인생을 역전시킨 비결은 무엇이었을까. 그것은 다름 아닌, 자신의 불우함에 연연하지 않고 고통이 닥칠 때마다 밝은 웃음과 여유를 잃지 않은 데 있었던 것이다.

그녀는 이렇게 말했다.

"기억하세요. 한 번 웃을 때마다 당신이 성공할 가능성이 조금씩 높아진다는 것을."

오프라는 대중의 관심을 끄는 것은 좋아했지만, 자신의 약점에 이목이 집중되는 것을 끔찍이도 싫어했다. 언젠가 체중 때문에 기자들의 질문이 쇄도하자, 그녀는 한마디로 그들의 입을 막아 버렸다.

"저는 모든 여성의 삶을 체험해 보지는 못했지만, 모든 사이즈는 경험해 보았습니다."

또 사람들이 애인이 없는 그녀를 비꼬아 대자, "제 이상형의 남자가 지금 오고 있어요. 아프리카에서부터 걸어오느라 시간이 걸릴 뿐이에요."라고 면박을 주었다.

그녀는 사업가로도 놀라운 수완을 발휘해 사람들을 놀라게 했는데, 한 기자가 그 비결을 묻자 이렇게 답했다.

"저는 논리에 따라 움직이기보다는 육감에 따르는 편이에요. 그런데 운 좋게도 저는 꽤 좋은 육감을 가지고 있지요."

성공한 사람들에게 처음부터 성공의 기반이 있었던 경우를 찾자면 아마 단 한 사람도 없을 것이다. 즉, 성공한 사람의 뒤안길을 보면 대부분 불우한 어린 시절이 있었고, 하고자 하는 일에 뒷받침이 되어줄 여건이 전무한 상태였으며, 곱지 않은 시선으로 주변의 반대에 부딪치는 경우가 태반이었다. 그럼에도 불구하고 당당하게 자신의 길을 걸어갔기에 불행을 역전시킨 사람의 대열에 오른 것이다.

인생을 성공시키는 매력 가운데 당신에게는 어떤 매력이 있다고 생각하는가. 매력이 없는 사람도 없지만, 자신이 가진 매력을 성공과 연결시킬 줄 아는 사람도 드물다. 자신의 매력을 발견하고 그 매력을 한껏 발산할 수 있는 사람이라면 성공도 머지않았다.

리더의 매력

역사상 링컨만큼 수많은 명언과 일화를 남긴 사람도 드물다. 그는 가난한 농민의 아들로 태어나 어려서부터 육체적 노동을 일삼고, 학교 교육이라곤 거의 받아 보지도 못한 채 독학으로 변호사가 되었다. 정계에 입문한 뒤 그는 남다른 지도력으로 항상 주변 사람들을 감동시켰다.

어느 날, 링컨의 친구가 링컨에게 유능하기로 소문난 비서 한 명을 추천했다. 그런데 이상하게도 링컨은 단박에 그에게 퇴짜를 놓았다. 친구가 그 이유를 묻자 링컨은 이렇게 대답했다.

"얼굴을 보니 안 되겠더군."

링컨이 얼굴 생김새를 보는 줄 알고 친구는 다시 되물었다.

"얼굴은 자신의 잘못이 아니지 않은가?"

그러자 링컨은 다시 이렇게 자세히 설명했다.

"생김새를 말하는 게 아닐세. 얼굴에는 그 사람의 인격이 고스란히 배어 있게 마련이지. 나이 사십이 넘으면 사람은 자신의 얼굴에 스스로 책임을 져야 하네."

이 말은 우리에게 깊은 교훈을 던져 주는 말로 유명하다. 생김새가 못생겼어도 따스한 인간미가 흐르는 얼굴, 미스코리아처럼 예쁘게 생겼지만 표독함이 묻어나는 얼굴, 간사해 보이는 얼굴, 친절해 보이는 얼굴, 미소가 보이는 얼굴 등, 사람들의 얼굴은 평소 자신의 덕과 사고, 유머 감각의 유무 등 마음가짐에 따라 달라진다는 것이다.

링컨의 주변에는 그를 시기하고 질투하는 정적들도 많았는데, 링컨은 그들이 공격해 올 때마다 유연한 지도자의 자세를 잃지 않고 부드럽게 대처했으며, 그때마다 통쾌한 승리를 거두었다.

링컨은 언제 어느 상황에서도 긍정적인 자세를 잃는 법이 없었다. 어떤 어려움에 처해도 재치 있는 입담으로 주변 사람들의 마음을 편안하게 해 주었으며, 그로 인해 문제가 절로 해결되는 경우가 많았다. 게다가 대통령 시절에도 자신의 구두를 직접 닦는 등 항상 겸손하고 친절한 자세로 아랫사람들로부터 칭송을 받았다. 그가 구두 닦는 것을 목격한 아랫사람이 놀라서 링컨을 만류하며 "아니, 각하께선 왜 손수 구두를 닦으십니까?" 하고 묻자, 링컨은 구두를 닦다 말고 이렇게 대꾸했다.

"아니, 그럼 내가 명색이 미국 대통령인데, 다른 사람의 구두를 닦아 주란 말이오?"

이렇듯 링컨은 지도자로서 타의 모범이 되는 사람이었다.

그렇다면 매력 있는 리더는 어떤 조건을 갖추어야 할까.

첫째, 항상 감사하는 마음을 표현해야 한다. 아무리 사소한 것이라도 상대방이 해 준 일에 대해서는 마음으로부터 우러나오는 고마움을 전달할 수 있어야 한다. 절대로 상대방의 행동이 당연하다는 생각을 하거나 그런 태도를 드러내서는 안 된다.

둘째, 자기 혼자만 인정받으려고 해서는 안 된다. 영광을 혼자서 독차지하기보다는 그것을 과감히 다른 사람과 나누어야 한다.

세 번째는 상대방의 자발적인 협력을 유도해야 한다는 것이다. 채찍보다 당근을 주어야 한다.

중국의 현인 손자는 리더가 갖추어야 할 자질로 지, 신, 인, 용, 엄이라는 다섯 가지를 꼽았다.

첫째 지智. 상황을 면밀하게 판단하고, 적절하고 합리적인 결정을 내린다.

둘째 신信. 부하 직원을 믿고, 부하 직원들의 신뢰를 받아야 한다.

셋째 인仁. 리더는 부하 직원을 따스한 마음으로 보살피는 너그러움을 지니고 있어야 한다.

넷째 용勇. 결단이나 실행을 하는 데 있어 용맹스러워야 한다.

다섯째 엄嚴. 리더는 조직의 규율을 엄격하게 지켜야 한다.

이 다섯 가지 조건은 오늘날까지도 변함없는 리더의 필수 덕목이라고 할 수 있다. 가족, 친구, 동료 사이 등 동등한 관계도 중요하지만, 사회생활에서는 특히 상사와의 관계, 부하 직원과의 관계 등 상하 관계를 잘 유지해야 하루하루의 생활이 편안할 뿐만 아니라 장차 행복과 성공을 성취할 수 있는 바탕이 된다.

최근 세이크 무하마드 총리가 창조적인 국가 경영자로서 화제의 인물로 등장하고 있다. 그는 앞으로 몇 년 후에 석유가 고갈된다는 사실에 위기를 느끼고 두바이를 세계 최고의 상상 도시로 건설하고 있다. 그의 매력은 바로 냉철한 통찰력과 창조적 상상력, 강력한 추진력이다.

영국의 정치가 디즈레일리도 리더의 매력을 지닌 사람으로 꼽는다.

평소 디즈레일리를 공격하던 같은 의원 출신의 정적인 글래드스턴이 공개석상에서 그에게 면박을 주었다.

"디즈레일리 씨, 내가 들은 소식통에 의하면 당신은 이성 관계가 문란하다는데, 그게 사실입니까?"

순간, 국회의사당 안은 찬물을 끼얹은 듯 냉기가 돌았다. 그런 끔

찍한 모욕을 당한 사람이 어떻게 대처할 것인가에 대해 모두들 손에 땀을 쥐고 주목하고 있었다. 그러나 정작 디즈레일리는 부드러운 미소를 잃지 않은 채 이렇게 대답했다.

"당신이 그걸 어떻게 알았습니까? 당신의 정부情婦와 놀아났는데, 그녀가 당신에게 일러바친 모양입니다그려."

그러자 의사당 안에서는 일대 폭소가 터져 나왔다. 누가 보더라도 디즈레일리의 판정승임에 틀림없었다. 난감한 상황을 기가 막힌 한 마디 말로 무사통과한 동시에 상대방에게 받은 모욕을 되갚은 통쾌한 승리였다.

디즈레일리는 유대계 상인의 아들로 태어나 정치인으로 이름을 떨쳤다. 그가 성공할 수 있었던 이유는 이런 그의 뛰어난 웅변술이 있었기 때문이다. 그는 작가적인 안목으로 상대방을 잘 관찰하고, 때와 장소에 맞는 적절한 말솜씨를 구사했다.

펀fun한 매력

영국 수상을 두 번이나 역임하고 20세기를 빛낸 세계 정치 지도자로 꼽히는 처칠 역시 누구보다 편한 처세술로 유명하다. 헤롤드 맥밀런 의원은 처칠에 대해 이렇게 평했다.

"처칠만한 재능과 힘을 가진 논객과 웅변가는 많았지만, 우리로 하여금 처칠에게 사랑을 느끼게 하는 장난꾸러기 같은 재능과 장난기 어린 유머를 가진 논객이나 웅변가는 없었다."

어느 날 처칠이 화장실에서 노동당 당수와 마주쳤다. 처칠과 숙적이던 그가 장소를 가리지 않고 처칠을 비난하자, 처칠은 이렇게 응수했다.

"그쪽 사람들은 무엇이든지 굵고 단단한 것이 있으면 국유화하려고 해서 큰일이오."

성적인 속어로 표현했지만 상대방의 정곡을 찌르는 유머였다.

처칠이 루즈벨트와 회담할 때의 일이다. 숙소에서 목욕 후 루즈벨트와 맞닥뜨렸는데, 마침 타월이 흘러내려 맨몸을 보이게 된 처칠이 던진 한마디.

"우리 영국은 대통령 각하와 미국에게 아무것도 감추는 게 없습니다."

처칠이 노벨상을 수상했을 때, 한 기자가 이런 질문을 했다.

"정치를 할 때 필요한 자질은 무엇이라 생각하십니까?"

그러자 처칠이 심각한 표정을 지으며 대답했다.

"특별한 자질이 필요하다기보다는 내일이나 모레, 또는 내년에 무슨 일이 일어날지를 예견할 수 있는 능력이 있어야겠지요."

그 자리에 참석한 기자들이 그 말을 적기에 여념이 없을 때, 처칠이 한마디 덧붙였다.

"그리고 그 예언이 맞지 않을 때 이유를 설명할 수 있는 재능도 있어야겠지요."

당연히 자리에서는 폭소가 터져 나왔다.

처칠이 처음으로 하원의원에 출마했을 때도 정적들에 대한 그의 대처법은 남달랐다. 한 의원이 대놓고 그를 비난하기 위해 이렇게 공격했다.

"내가 듣기로 당신은 아침 일찍 일어나지 못한다고 하는데, 그렇다면 의회에도 매번 늦을 터이니, 의원 자격이 없는 것 아닙니까."

그러자 처칠의 멋진 응수가 이어졌다.

"나의 아내처럼 아리따운 여인을 데리고 산다면 당신도 아마 일찍 일어나기는 힘들 거요."

사람들은 그의 입담에 폭소를 터뜨렸고, 그는 자연스럽게 의원에 당선되었다. 처칠은 이런 매력으로 정치적인 위기를 무사히 넘긴 적도 많았고, 국가 간의 문제를 시원스럽게 해결한 적도 많았다.

한번은 처칠이 수상과 국방장관을 겸하고 있던 시절이었다. 북아프리카 군사작전이 어려움을 겪으면서 하원이 처칠에 대한 불신임안을 내자, 처칠은 곤경에 빠질 위기에 처했다. 한 의원이 그에게 당시 문제시되던 '처칠 탱크'에 대해 따져 묻자, 처칠은 이렇게 해명했다.

"그 탱크는 처음 생산되었을 때부터 문제가 많았습니다. 그래서 그에 어울리는 이름으로 '처칠 탱크'라고 붙여지지 않았습니까."

이 말에 의사당 안은 웃음바다가 되었다. 처칠은 계속 덧붙였다.

"하지만 그 문제들은 대부분 고쳐졌고, 이 탱크는 머지않아 전략적으로 매우 유용한 무기가 될 것입니다."

결국 처칠에 대한 불신임안은 부결되었다. 그는 만년에도 주변 사람들을 편안하게 해 주는 말을 해서 화제를 모았다.

"나는 창조주를 만날 준비가 되어 있소. 그분이 나를 만날 준비가 되어 있는지는 별개의 문제지만."

이처럼 항상 낙관적인 사고방식의 소유자였던 처칠은 험난한 정치가로서의 인생을 살았음에도 불구하고 91세까지 장수를 누렸다.

많은 사람들을 이끌고 지도해야 하는 리더의 덕목으로 편한 매력은 커다란 장점이 아닐 수 없다. 융화와 단결, 협동심을 이끌어 내야 하는 리더로서 적재적소에 맞는 유연함으로 아랫사람들을 지도한다는 것은 반드시 갖추어야 할 능력이기도 하다.

영화배우이기도 했던 미국의 레이건 대통령은 짧은 유머로 유명했다. 1981년 존 힝클리라는 정신병자의 총격을 받아 수술을 받고 난 때의 일이다. 수술 후 낸시 여사가 회복실에 들어오자 레이건이 아내를 바라보며 나지막이 말했다.

"여보, 총알이 날아올 때 납작 엎드리는 걸 잊어버렸지 뭐야. 영화에서는 내가 참 잘했는데."

그는 그러고 나서 측근들이 걱정스러운 얼굴로 들어오자 이렇게 말했다.

"이렇게 저격을 당할 정도로 주목을 받을 줄 알았더라면 영화배우를 그만두지 말걸 그랬어."

레이건이 대통령 후보로 나섰을 때, 그의 나이는 69세였다. 그것은 하나의 약점으로 작용했는데, 미국 전역에 생중계된 텔레비전 토론에서 민주당 후보인 먼데일이 이 약점을 파고들었다.

"레이건은 대통령을 하기에는 너무 늙었습니다. 나이 때문에 판단력이 흐려질 수도 있으니, 이 나라를 맡기기에 부적합합니다."

그러자 레이건은 때를 놓치지 않고 반박했다.

"저는 먼데일 후보처럼 이번 선거에서는 나이를 문제 삼지 않겠습니다. 즉, 너무 젊다든가 경험이 미숙하다든가 하는 점을 정치적으로 이용하지 않겠다는 것입니다."

보기 좋게 한 방을 먹이고 레이건은 당당히 대통령에 당선되었다. 사람들은 편한 매력을 가진 사람에게 호감을 갖게 되어 있다. 언제나 당당하게 자신을 표현하고, 긍정적인 마인드로 세상을 바라보는 데에는 편한 매력만큼 적합한 자질이 없다.

미국의 사업가이자 철강왕으로 유명한 앤드류 카네기는 평소 자신이 부자가 될 수 있었던 비결은 무엇보다 유머와 위트를 잃지 않는 생활 자세였다고 고백한 적이 있다.

"웃음이 없는 곳에는 성공도 있을 수 없다."

처세의 달인으로도 일컬어지는 카네기의 신조 첫 번째는 바로 유머러스한 자세였다.

방적공의 아들로 태어난 카네기는 어려서부터 방적공과 기관 조수, 전보 배달원, 전신 기사 등을 전전했다. 그러다 자신의 불우한 처지를 딛고 일약 세계적인 거부로 발돋움할 수 있었던 비결은 그에게 편한 매력이 있었기 때문이다.

《걸리버 여행기》를 쓴 소설가이자 목사인 스위프트도 편한 매력을
지닌 인물이었다. 당시 영국에는 남들에게 곤란한 질문을 해서 골탕
먹이기를 좋아하던 고위 관리가 있었는데, 스위프트를 보자 어김없
이 질문을 던졌다.

"목사님, 악마와 목사 사이에 소송이 일어나면 어느 쪽이 이기겠
습니까?"

스위프트는 순간적으로 이 사람이 자신을 조롱하고 있음을 눈치
채고 웃으며 응대했다.

"당연히 악마가 이기지 않겠습니까?"

그러자 그 관리는 의외라는 듯 이유가 뭐냐고 따져 물었다. 이에
스위프트는 껄껄 웃으며 대답했다.

"그거야 당연하지 않습니까. 관청의 관리들이 악마 편이지 않습
니까."

그 관리는 얼굴을 붉히며 입을 다물었다. 만일 이런 경우 스위프트
가 성급하게 대응했다면 어떻게 되었을까. 화가 나는 경우에도, 비난
을 받는 경우에도 언제나 여유를 잃지 않고 편한 매력을 풍기는 사람
은 다른 사람들로부터 존경을 받게 마련이다.

미국 하원에서 인플레이션을 진정시킬 해결책을 두고 격전이 벌어
질 때였다. 이때 모리스 우달이라는 의원이 한 말은 미국 정계에서

널리 알려진 이야기다. 의견이 팽팽하게 대립하면서 급기야 몸싸움까지 일어날 태세였는데, 양측의 감정이 폭발하기 직전에 모리스 우달 의원이 단상에 올라가 소리쳤다.

"여러분들, 진정하십시오! 자, 해결책이 있습니다. 제 이야기를 들어 보세요. 제 생각에는 우체국에서 인플레이션 문제를 처리하도록 하는 게 좋겠습니다."

그러자 의원들은 도무지 무슨 말인지를 몰라 어리둥절한 표정을 하고 우달 의원을 바라보았다. 우달 의원은 이렇게 덧붙였다.

"우체국에서 인플레이션을 해결하지 못한다면 적어도 인플레이션 진행 속도라도 늦춰야 되는 것 아닙니까."

당시 미국의 우체국도 아마 업무가 지지부진했던 모양으로, 그것을 빗댄 유머였다. 이 유머 한마디에 의사당은 웃음 천지로 돌변했다.

'철학의 아버지'라 불리는 독일의 철학자 칸트는 평생 독신으로 살았는데, 평소 옷맵시가 뛰어나기로 소문나 있었다. 어느 날 그가 연회에 갔을 때, 옷소매가 조금 터진 것이 발견되었다. 할 수 없이 연회장을 빠져나올 수밖에 없는 상황이었는데, 짓궂은 한 친구가 그 모습을 보고 너스레를 떨었다.

"자네의 학식은 여기서도 고개를 내미는군그래."

그러자 칸트가 태연한 표정으로 말했다.

"아하, 그곳을 어느 멍청함이 들여다보고 있네그려."

이 말에 칸트를 골려 주려던 친구는 오히려 얼굴이 붉어져 그곳을 피해 나갔다. 기개가 넘치는 철학자다운 재치가 아닐 수 없다.

미국의 소설가 마크 트웨인의 이야기다.
한번은 신문기자로부터 국회의원의 도덕성에 대한 질문을 받자, 평소 유머러스하기로 소문난 그가 주저 없이 말했다.
"국회의원 아무개는 개자식이오."
이 말은 곧 일간지에 대서특필되었고, 미국 국회는 마크 트웨인에게 사과문을 발표하라고 종용했다.
그러자 그는 〈뉴욕 타임즈〉에 다음과 같은 사과문을 실었다.
"얼마 전 내가 한 말은 타당성도 없고 사리에 맞지 않아 다시 정정합니다. 미국 국회의원 아무개는 개자식이 아닙니다."
유머는 사회 비평에도 한몫을 단단히 한다. 직접적인 표현이 아니면서도 풍자로서 사람들에게 통쾌함을 안겨 주는 효과가 있다.

영국의 극작가인 버나드 쇼는 평소 자신을 비판하기 좋아하는 사람들을 골려 주어야겠다고 마음먹고는, 그들 가운데 로댕을 싫어하는 사람들만 초대했다.
로댕의 한 작품을 보여 주면서 그는 이렇게 말했다.
"최근에 구한 로댕의 작품인데 한번 평가 좀 해 주시지요."
로댕을 싫어하는데다가 버나드 쇼에 대해서도 탐탁지 않게 생각하던 사람들은 좋은 평을 할 리가 없었다.

잠자코 그 말을 듣고 있던 버나드 쇼가 갑자기 호들갑을 떨며 말했다.

"아니, 참 죄송합니다. 이 작품은 로댕이 아니라 미켈란젤로 작품인데 말이죠."

그러자 비평가들은 무안해서 어쩔 줄을 몰랐다.

자신을 비난하고 공격하는 사람들에 대해서 직접적으로 대응하면 매우 난처한 일이 생길 뿐더러 큰 싸움으로까지 비화될 우려가 있다. 그런 때 이런 지혜로운 익살로 대응하면 상대방을 시원하게 한 방 먹일 수 있다.

미국 프로야구 LA다저스 팀의 토미 라소다 감독도 편한 유머 덕분에 유명세를 탄 사람이다.

한번은 그가 경기 중에 투수가 갑자기 흔들리자 마운드에 올랐다. 그런데 불펜 투수가 충분히 준비가 되지 않아 부득이 시간을 끌 수밖에 없는 상황이 벌어졌다. 주심은 경기를 빨리 진행시키기 위해 라소다 감독을 자꾸 다그쳤다.

"자자, 어느 투수를 등판시킬 겁니까?"

그러자 시간을 끌어야 하는 라소다 감독은 천연덕스럽게 물었다.

"저 중에 누가 좋을 것 같소?"

감독이라는 사람이 결정은 내리지 않고, 심판에게 한가하게 투수

교체에 대해 상의하자는 말두니, 심판은 어안이 벙벙했다.

심판은 어서 결정하라고 독촉했다.

그러자 이번에도 라소다 감독은 또다시 묻는 것이었다.

"현명하신 심판이 보기에는 저 중에 누가 올라오면 좋을 것 같소?"

이렇게 시간을 끄는 사이에 불펜 투수는 몸을 풀고 등판할 수 있었다.

이렇게 편한 매력은 위기를 벗어나게 해 주는 힘도 지니고 있다.

매력 ····10계명

매력 있는 사람에게는 무언가 다른 점이 있게 마련이다. 다음 열 가지 조건을 고루 구비한다면 매력 있는 사람 중에서도 최상이라 할 수 있다.

1 '끈'이 있어야 한다 : 사회성과 인간관계가 원만하며, 인맥이 풍부하다.

2 '꾀'가 있어야 한다 : 지혜, 지식, 관용의 마음이 있으며, 여유가 있다.

3 '깡'이 있어야 한다 : 자신감이 있으며, 모험과 도전을 두려워하지 않는다.

4 '꾼'이 되어야 한다 : 일에 몰입하며, 프로 의식이 있고, 열정적이 다. 자신의 일을 즐기며 미치는 경지에 이른다. 전문가적인 장인 정신이 있다.

5 '끼'가 있어야 한다 : 재능과 자질을 겸비하고 있다.

6 '꼴'을 갖추어야 한다 : 첫인상이 호감형이며, 건강하고 밝은 이 미지를 갖추고 있다.

7 '꿈'을 가져야 한다 : 비전이 뚜렷하며, 상상력과 창조력이 뛰어나다.

8 '깔'을 해야 한다 : 세상을 항상 너그럽게 품으며 긍정적인 마음으로 웃는다.

9 '꿀'을 갖추어야 한다 : 달콤한 인생, 행복한 인생을 위해 노력하며, 꿀과 같이 에너지가 넘친다.

10 '끌'이 있어야 한다 : 상대방을 끄는 매력과 마력이 있다.

과거에는 힘을 바탕으로 몸이 크고 수렵을 잘하는 사람이 인정받는 시대였다. 그리고 근대는 열정과 카리스마로 밀어붙이는 자신감으로 통하는 시대였다.

지금은 매력이 트렌드가 된 시대로서 매력 있는 사람이 일도 잘하고 호감을 얻으며, 성공하기에 적합한 밑바탕을 보유하고 있다. 매력의 요소에는 여러 가지가 있지만, 그중에서도 오늘날에는 유머와 웃음이 넘치는 편한 매력이 중요하게 자리매김하고 있다.

다음 열 가지 조건 또한 반드시 갖추어라.

첫째, 긍정적으로 일한다.

둘째, 열정적으로 집중력을 가진다.

셋째, 최고보다는 독보적 존재가 된다.

넷째, 팀워크를 중시한다.

다섯째, 고정관념을 갖지 않는다.

여섯째, 실수는 바로 인정한다.

일곱째, 어려운 일은 자신이 먼저 나선다.

여덟째, 자신 있는 일은 바로 한다.

아홉째, 상대방의 입장에서 행동한다.

열째, 유머를 사용하며 크게 웃는다.

국가의 매력, 기업의 매력, CEO의 매력

국가나 기업 CEO의 매력을 간파하는 일은 전문적인 분석이 뒷받침된다. 그러므로 자료는 다른 조사 기관에서 행한 바를 소개하기로 한다. 그러나 이 조사 결과는 반드시 참조할 필요가 있다.

2008년 4월 2일 영국 BBC 방송에서 최근 세계 34개국의 1만 7,000명에게 '이미지가 좋은 나라는?'이라는 설문 조사를 실시한 결과, 독일과 일본이 공동 1위를 차지했다. 또한 2007년 미국 〈타임〉지가 아시아 12개국의 이미지에 대한 설문 조사를 했을 때도 일본이 1위였다. 3위는 유럽 연합이었고, 4위는 프랑스였다.

일본은 1년 전의 같은 조사 때도 54%의 지지를 받아 캐나다와 함께 공동 1위를 기록했었다. 세계인의 눈에 비친 일본과 독일의 이미지, 즉 국가 매력도는 최고 수준인 것이다.

그 직접적인 원인은 무엇이었을까. 일본 잡지 〈브루투스〉의 부편집장 시바사키 노부아키는 "'잃어버린 10년'의 장기 불황이 일본 문화를 강하게 단련시켰다. 호황 시절, 일본은 돈의 힘으로 문화를 샀다. 그러나 이젠 버블이 꺼지고 돈이 없다. 돈으로 살 수 없으니 일본 스스로 쿨해질 수밖에."라고 말했다.

하와이 대학 미래전략센터의 짐 데이토 소장은 "정보화 사회 다음에는 경제의 주력 엔진이 정보에서 이미지로 넘어가면서 상상력과 창조성이 국가 경쟁력의 핵심이 될 것이다."라고 전망했다.

이는 21세기에는 한 나라의 국력이 GNP 같은 경제적 가치만이 아니라 국민의 생활양식, 가치관, 미적 감각, 철학, 이미지 등 문화적 가치에 의해 결정될 수 있다는 것을 보여 주는 것이다. 앞으로의 사회는 국민총생산GNP 대신 국민총매력지수GNC: Gross National Cool라는 새로운 측정 기준에 따라 움직인다는 것이다.

국민총매력지수는 2002년 미국의 유명 잡지인 〈포린 폴리시〉에서 미국의 뉴아메리칸재단 연구원인 더글러스 맥그레이가 처음 사용한 용어로서, 한 국가가 얼마나 매력적인가를 계량화한 수치다. 문화라는 무형의 가치를 종합해 한 나라의 국력國力을 평가하려는 새로운 시도로써, '경제'보다, '매력'이라는 문화적 가치가 21세기의 국가를 평가하는 데 더 유용한 지표가 될 수 있다는 것이다.

즉, 문화는 단지 상품이 아닌 그 나라 국민의 청결, 음식, 친절, 습관 등의 생활양식과 가치관, 미의식, 철학, 이미지 등 보이지 않는 가치들의 총합을 말한다.

매력적 국가 1위의 일본은 1990년대에 경제가 최악으로 나빴지만 21세기 들어 상황이 크게 반전되고 있으며, 이런 변화의 힘은 무엇보다 일본이라는 나라가 갖고 있는 문화적 가치, 즉 일본 문화의 독자성과 창의성이 이제야말로 국제무대에서 제대로 평가받고 있기 때문으로 전문가들은 보고 있다.

그렇다면 우리나라의 GNC는 있을까. 있다면 무엇일까. 이제 우리나라는 세계인들이 보고 싶어 하고 재미와 배움과 즐거움을 주는, 한국만이 뽐낼 수 있는 장점을 최대한 계발해야 하는 숙제를 안고 있는 셈이다.

2008년 기준 우리나라의 생활 물가는 가히 세계 최고 수준이다. 스위스의 국제경영개발원에서 발표한 바에 따르면, 우리나라는 생활비 지수에서 55개국 중 최하위를 기록하고 있다. 생활비 지수의 기준이 되는 미국 뉴욕보다 상품 가격이나 서비스 및 주거비가 20% 이상 비싸다는 말이다.

또 외국인들은 한국에 대한 이미지를 '가격은 비싼데 서비스는 보통'인 나라로 인식하고 있다고 한다. 실제로 세계 100대 도시 중에서 서울의 하루 식비는 202달러에 달해, 세계 부호들의 휴양지인 몬테카를로 다음으로 비싸다. 휘발유 값은 런던 다음으로 비싸고, 커피 값은 신흥공업국 중 최고라고 한다.

우리나라는 외국 문화에 대한 개방 정도나 노사 관계에 대한 평가,

기술 분야의 규제에서도 가장 낮은 평가를 받고 있다. 이렇게 모든 여건이 좋지 않은 데다 물가마저 비싼 나라로 인식되고 있는 것이다. 그러니 외국인 관광객을 끌지 못하는 것은 어찌 보면 당연하다. 세계에서 가장 비싼 생활 물가를 기록한 이상, 아무리 정부 차원에서 글로벌 기업을 유치하려 해 봐야 싱가포르나 홍콩, 일본 등과 경쟁하기는 힘들다.

그러므로 우리나라의 매력 지수를 높이려면 물가의 거품부터 빼야한다. 정부는 이를 위해 할 수 있는 모든 방법을 총동원해야 할 것이다. 우리에게는 근면 성실한 국민성과 IT 기반 등 탄탄한 인프라가 있다. 이들이 합리적인 생활 물가와 결합한다면 '아시아 금융 및 물류 허브'라는 꿈이 현실화될 수 있을 것이다.

매력적인 나라는 세계를 향한 영향력과 힘이 커질 수밖에 없다. 한나라의 매력이 크면 클수록 그 나라가 다른 나라를 자신의 이익에 부합되도록 움직일 수 있는 힘도 아울러 커진다.

매력을 파는 일본

예전부터 일본 하면, 우리는 가장 먼저 경제 대국을 연상했다. 도요타 자동차와 소니의 전자 제품으로 상징되는 제조업 강국의 이미지가 아직도 절대적이다. 뿐만 아니라 지금 세계에서 일본은 가장 매력적인 나라로 통한다. 그저 매력을 발산하는 것이 아니라, 국가 브랜드의 매력을 이용해 돈을 벌고 부를 창출하는 소프트 파워의 경제 모델을 만들어 낸 것이다.

그런데 우리는 일본 문화에 대해서는 '왜색倭色'이라고 부르며 저급하다고 말한다. 우리는 일본에 대해 경제를 제외한 나머지 분야, 즉 일본의 문화며 생활양식, 미美의식, 가치관 등에 대해서는 인색한 평가를 내리는 경향이 있다.

일본 경제는 자국의 국가 매력을 전략적으로 활용해 국가적인 부를 창출하고 있다. 일본 경제는 제조업만의 경제에서 무형의 국가 매력과 문화적 가치로 돈을 버는 포스트모더니즘 경제로 전환했다. 그동안 국방력과 경제력을 중요시하고 육성했던 국가들은 이제 세계적으로 문화의 시대를 맞이해, 문화력이야말로 국가의 흥망성쇠를 반영하고 세계 속에 강력한 영향력을 끼친다는 것을 자각하고 있는 추세다.

우리나라에서도 국가 매력에 대한 필요성을 절감한 오세훈 서울시장은 〈창의 문화 도시 서울의 비전과 전략〉이란 주제로 한 초청 강연에서 서울의 매력을 높이기 위해 올해 서울시가 주목한 것이 바로 문화라고 말했다. 또한 서울을 외국인들이 살고 싶어 하고 투자하고 싶어 하며, 관광하고 싶어 하는 도시로 만들려면 서울의 매력을 높여야 한다고 강조했다.

매력 한국Attractive Korea의 프로젝트는 쉽지 않다. 왜 국민들이 대한민국에 자부심을 갖지 못하고, 기업인들은 어떤 이유로 투자할 의욕을 잃어버렸을까, 외국인들이 와서 살고 싶어 하는 나라가 되기 위해서는 무엇을 어떻게 바꿔야 하나.

한국 경제가 지향해야 할 미래 국가로서의 비전을 매력 한국으로 설정하면서, 각계각층의 의견을 수렴하고 전문적 진단을 하는 등 매력 국가는 커다란 프로젝트로 자리매김하고 있다. 뛰어난 몸매와 얼굴만으로 매력 있는 사람이 되지 못하듯, 인품과 성격까지 자기반성과 개선이 있어야 매력 국가가 될 수 있다는 판단 때문이었다.

황인학 전국경제인연합회 경제본부장은 "매력 한국으로 나아가기 위해서는 무엇보다 사회 구성원 간의 신뢰가 중요하다. 경제 활동을 왕성하게 해서 성장을 통해 국민 모두가 나은 삶을 살도록 해야 한다. 다른 나라와 동등한 기업 환경을 만들어 주고, 이를 위해 대기업을 옥죄는 규제를 거둬 개방 경제에 걸맞은 환경을 조성해야 한다. 그 결과가 잘 나오면 매력 한국이 될 것이다."라고 말했다.

삼성경제연구소의 김득갑 연구원은 "매력 한국이란 삶의 질이 높은 나라를 뜻한다고 본다. 우리 경제 규모 대비 삶의 질은 OECD 국가 중 하위권이다. 성장이 곧 삶의 질로 연결된다."고 했는데, 신세돈 숙명여대 경제학과 교수는 "매력 한국을 만들기 위해서는 기업가 정신에 동기부여를 해 줘야 한다는 데 동의한다. 특히 대기업뿐만 아니라 중소기업이나 자영업자들에게 상대적으로 많은 관심을 기울일 필요가 있다. 대기업보다는 50대 이하 기업에 국력을 쏟는 정책이 올바르다."라고 말했다.

인생을 매력적으로 가꾸는 책임은 자기 자신에게 있듯이, 사회나 국가를 매력적으로 만드는 책임은 결국 사회 구성원 모두가 국민적 차원에서 함께 져야 할 것이다.

지금 세계적인 트렌드의 관점에서 선진국은 군사보다는 경제, 경제보다는 문화가 강한 나라를 말한다. 또한 국민총생산지수보다 국민총매력지수가, 하드 파워보다는 소프트 파워가 높은 의미를 차지한다. 다시 말해서 강한 국가 매력으로 사람과 돈을 끌어들이는 국가가 바로 선진국이 된 것이다.

기업의 매력

지금은 기업의 매력 지수가 곧 브랜드 가치가 되고 있다.

기업은 매력적인 기업, 매출 상위 기업, 이윤 상위 기업, 존경받는 기업 등으로 나눌 수 있는데, 우리나라의 취업 준비생들에게 어느 기업을 택할 것인지 물어본 결과, 매력적인 기업을 택하겠다는 사람이 압도적으로 많았다. 가장 존경하는 기업으로는 GE, GM이, 매력적인 기업으로는 구글, 애플 등이 뽑혔다.

이 가운데 세계 최대 인터넷 검색 업체인 구글코리아는 가장 매력적인 기업으로 꼽힌다. 이 회사에서는 직원들에게 유기농 식사를 무료 제공하며, 무료 세차장과 당구대, 탁구대, 노래 반주기 등을 회사 안에 설치해 직원들의 에너지 재충전을 돕고 있다. 또한 신규 직원을 채용할 때는 상사보다 동료의 의견을 중시한다고 한다. 이 회사의 직원들 사이에는 업무 시간의 80%는 회사를 위해, 20%는 자신을 위해 쓰는 문화가 형성되어 있다.

CEO의 매력

그렇다면 생산성을 높이고, 직원들의 만족도가 충만한 매력 기업이 되려면 어떠한 조건을 갖춰야 할까. 내 생각에는 이러하다.

무엇보다 CEO가 매력적이어야 하며, 뒤이어 매력적이고 열정 넘치는 직원, 독특하고 세련된 제품, 마음이 담긴 서비스, 직원 복지, 사회적 공헌 등을 갖춰야 한다.

소위 잘나간다는 기업에는 반드시 경영자들의 명품 리더십이 있다. 2006년 삼성경제연구소에서 CEO 627명에게 '펀fun'에 관해 설문 조사를 한 결과, 회사를 위해 철저히 망가질 수 있다가 70.2%, 엔터테이너가 되어야 한다가 89%, 개인기를 연습한 적 있다가 49.9%로 조사되었다. 이것은 리더십이 변모하고 있다는 증거가 아닐 수 없다. 이제는 권위적·수직적·지시적인 소통보다는 수평적인 소통을 하고, 다정다감하며 유머가 넘치는 경영자가 훨씬 더 훌륭한 리더십을 발휘하는 시대가 되었다는 얘기다.

또 2007년 LG경제연구원에서는 빌 게이츠, 스티브 잡스, 샘 월튼, 잭 웰치 등 세계적으로 인정받은 CEO들의 명품 리더십을 연구한 결과, 8가지 공통점을 발견했다. 그것은 바로 선견지명, 창의성, 인간성, 용병술, 배움의 열정, 건강함, 정도正道, 사회적 책임이었다.

이와 같은 명품 리더십은 기업을 성장시키는 매력 요소이며, 이러한 매력을 잘 경영하는 CEO는 성공할 수밖에 없는 것이다.

〈훌륭한 일터 운동GWP: Great Work Place〉의 창시자 로버트 레버링 박사는 "훌륭한 일터에서는 구성원들이 상사와 경영진을 신뢰하고, 일에 대한 자부심을 느끼며, 동료 간에 재미를 느낄 수 있어야 한다."고 말했다.

바야흐로 성공적인 매력형 CEO는 직원들이 신뢰할 수 있는 능력과 성품을 지녀야 한다. 다시 말해서 매력형 기업이 되려면 무엇보다도 CEO가 매력적이어야 하며, CEO의 매력 지수는 그 회사 제품의 매력 지수가 되는 것이다.

우리나라의 매력 지수는?

매력이란 말이 일반화되면서 국가 경쟁력을 표현하는 말로 '국민 총매력지수'라는 용어가 많이 사용되고 있다. 사람도 개인마다 매력 지수가 있지만, 국민 전체 혹은 국가에도 매력 지수가 있다는 말이다. 이 말은 세계 국가들과 비교했을 때 우리나라의 국가 이미지가 과연 어떤 평점을 받고 있는지를 의미하는 용어로 쓰인다.

세계의 대표적인 한국 전문가들은 우리나라의 국가 이미지에 대해 "경제나 군사 분야에서 산술적으로 세계 10위권 안팎으로 성장했지만, 종합적인 국력이나 국제적 영향력은 그에 미치지 못한다."고 평가하고 있다.

우리나라가 매력 국가가 되기 위해서는 지구온난화, 핵 확산, 인종

갈등 등 세계 문제의 해결 과정에 적극 참여함으로써 국제사회에 대한 영향력을 키워야 할 것이며, 국가와 국민의 이미지를 더욱 고급화할 수 있는 소프트 파워를 창출하고, 이와 같은 국가 매력을 해외로까지 확산시키는 데 적극 나서야 한다.

02

자신을 극복하고 매력형으로 거듭나는 비법

COOL & SKILL

뚜렷한 인생 목표를 세워라

"성공한 사람들은 소망과 목표의 차이를 분명히 알고 있다."는 말이 있다. 보통 소망과 목표를 혼동하는 경우가 많다. '부자가 되고 싶다.'라든가 '좋은 회사에 취직하고 싶다.'라고 생각하는 것은 막연한 소망이다.

그러나 부자가 되기 위한 프로젝트, 좋은 회사에 취직하기 위한 계획은 목표다. 즉, 목표에는 자신의 강렬한 의지가 반영되어 있고, 구체적인 계획이 수반되어 있는 것이다.

사람들은 저마다의 스케줄이 있다. 그러나 대부분의 스케줄은 안하면 안 되기 때문에 해야 하는 일들이다. 즉, 자신의 의지가 빠져 있다는 말이다.

자신의 미래 목표를 위해 반드시 해야 할 일은 타성적인 것이 아니라 자신의 의지에서 나와야 하는 것이다. 그러므로 매일 하나씩의 작은 목표라도 설정하여, 그것을 확실하게 의식하고 실행해 나가야 한다.

비전이란 멀리 보고, 길게 내다보는 능력이다. 보통 사람들은 가까운 것만 보고, 한 부분만을 본다. 그래서 성공하느냐, 성공하지 못하느냐의 결정적인 차이는 여기서 갈린다.

비전이 있는 사람은 열정적이고 진취적이며 긍정적인 반면, 비전이 없는 사람은 세상을 안이하게만 살아가려 한다. 비전이 없는 사람은 별로 불행을 느끼지 않을 수 있지만, 재미도 느끼지 못한다. 큰 성공이란 바랄 수도 없고, 그저 운이나 요행을 바랄 뿐이다.

비전이 있어야 한다는 말은 살아가는 분명한 목표를 두고 그것을 성취하기 위해 열심히 매진하는 자세가 뒤따르기 때문이다. 눈에 보이지 않는 것들의 중요성을 알고, 보통 사람들보다 폭넓은 인생관을 가진 사람들에게 비전이 있다.

〈비즈니스〉라는 미국의 잡지가 젊은 경영자 100명을 대상으로 한 설문 조사에서 '경영자로서 가장 중요하다고 생각되는 자질은 무엇인가?' 하고 물었다. 여기에서 인간관계라고 답변한 사람이 4명인데 비해, 비전이라고 답변한 사람은 81명이었다. 절대 다수가 비전을 가장 중요한 자질로 들고 있는 것이다.

그렇다면 비전이란 무엇인가. 그것은 미래에 대한 구상을 말한다.

경영이 과거의 관행을 그대로 답습해서 되는 것이라면 비전이 그렇게 중요할 리 없다. 비전이 중요한 이유는, 경영이란 과거와 관계없이, 앞을 향해 계획을 만들어 가는 구상력이 중요하기 때문이다.

캐나다의 문화 비평가 맥루한은 "예술가만이 앞을 보고 있다. 보통의 사람들은 앞을 보고 있는 것 같으면서도 실은 백미러를 보고 있는 것이다."라고 말했다.

흔히 "인생은 짧고 예술은 길다."라는 말처럼 긴 안목을 가진 경영자가 이 시대에는 더욱 필요하다는 뜻이다. 진짜 경영자란 앞을 보는 예술가와도 같다. 평생을 바친 주제가 있고, 예술인 친구들이 있으며, 기본적으로 자연주의를 추구한다는 점에서 그러하다. 예술을 향한 집념과 모험 정신이라는 면에서도 경영자와 예술가는 여러 모로 흡사한 점이 많다.

또한 이들은 아무리 시대의 변천 속도가 빠르더라도 이에 대응할 수 있는 사람들이다. 빛나는 업적을 이룩한 수많은 성공자들, 그들은 모두 부푼 희망을 간직하고 미래에 도전한 모험가들이었으며, 거기에서 싸워 이겨 낸 사람들이었다.

경영자의 꿈, 경영자의 비전은 커야 한다. 마치 화가가 대작을 구상하듯이 미래에 대한 비전을 그리면서 이를 과감하게 실천해 가는 사람이어야 한다.

스탠포드 대학 연구소에서 10년간 가장 큰 성장을 일군 기업을 추적 조사한 결과, 성장을 위한 다섯 가지 조건을 밝혀냈다.

첫째, 성장 분야 혹은 그와 관련된 분야에 있을 것.

둘째, 지금 경영하고 있는 분야에서 매우 강력한 판매 경쟁력을 가지고 있을 것.

셋째, 경영진이 대담하고 활기 있게, 그리고 주의 깊게 위험에 도전할 것.

넷째, 조직화된 프로그램에 따라 새로운 기회를 발견하고 이를 밀고 나갈 것.

다섯째, 행운이 따를 것.

여기에서 첫 번째와 두 번째는 누구나 쉽게 알 수 있는 것이다. 특히 우리의 주목을 끄는 것은 세 번째와 네 번째다. 이것은 종래의 방식과는 전혀 다르다. 말하자면 앞을 보고, 미래를 그리면서 모험적인 개척 정신으로 굳건하게 나아가야 한다는 뜻이다. 비전이 없는 사람도, 비전이 없는 기업도 살아남기 힘들다는 사실을 명심하라.

다. 그리고 그는 계획대로 30년 후에 소망을 이루었다.

턴 목표를 세우고 이를 달성시키려면, 그 목표가 이루어졌을 때

습을 마음속에 그려 놓고, 입으로 소리 내어 스스로에게 확인시

눈으로 항상 볼 수 있도록 시각화해 놓는 것이 좋다.

면 그 목표가 잠재의식 속에 뿌리 깊이 박혀 우리의 잠재의식

를 이루기 위해 놀라운 힘을 발휘한다. 이를 마음의 척도 또는

지팡이라고 한다.

구를 사용한다면 실패는 줄고, 성공의 기회는 늘어난다. 당신

있는 모든 에너지를 목표 달성을 위해서 불태울 수 있는 것

엔지니어로서 어떤 강에 다리를 놓는 설계를 맡았다고 한

인은 맨 처음 무슨 일을 할 것인가?

다도 현재의 상태에 관해 소상하게 알고 싶어질 것이다. 강

하기 위해 측량도 할 것이고, 교각이 설 강 양쪽의 지질도

이다. 강 속에 세워질 교각 때문에 수심도 확인해야 하고,

상태도 조사해야 할 것이다. 이렇게 현재 상태를 파악한 뒤

다리의 설계를 시작할 수 있을 것이다.

가를 시작하려 할 때, 마음의 척도는 세 가지 측면을 갖고

다. 첫 번째는 당신의 목표고, 두 번째는 그 목표 사이에 놓

며, 세 번째는 행동 계획이다.

목표를 마음속에
새기는 방법

사람들은 목표를 설정하고,
각종 계획을 세우고 이를 실행한다. 말ᄒ
고 이를 실현한다는 것은 결코 쉬운 역
명확히 설정하는 것 자체가 매우 어려
실행한다는 것은 보통 사람으로서는
장기 계획을 실행할 수 있을까? 즉, 실
게 세워야 하며, 어떻게 실천해야 하ᄂ

중국 사람들은 태연하게 100년 계ᄒ
장기 계획을 세우고 실행에 옮기기
마음의 여유가 필요하다. 앤드류 카
함께 사업을 시작해 〈카네기 형제 ᄉ

세.
어
의 모
키고,
그
은 이
마음이
이 ᄀ
이 갖ᄎ
이다.
당신
다면 ᄃ
무엇
폭을 ᄎ
체크할
강바닥ᄋ
에 비로
무엇ᄋ
있어야
인 저항ᄋ

첫째, 목표!

자기 인생에서 무엇을 얻어야 할 것인지를 정확히 알고 있는 사람은 극히 드물다. 만약 당신이 현재의 일에 만족하지 못하고 좀 더 좋은 일을 바라고 있다면 그 내용을 정확히 알아야 한다. 당신이 근무하고 싶은 회사는 어떤 종류의 회사인지, 당신이 그 회사에 들어가 일하는 모습이 눈에 선할 정도로 명확하게 하고 싶은 일을 그림으로 마음속에 그려 넣는다.

둘째, 저항!

목표가 정해진 다음에는 당신과 목표 사이에 존재하는 모든 저항을 나열해 본다. 이 내용을 적어 놓고 자꾸 되뇌면서 당신의 앞길을 가로막고 있는 문제의 명확한 상태를 파악해야 한다.

셋째, 행동 계획!

목표에 대한 저항을 해소하기 위해서는 행동 계획을 수립해야 한다.

이렇게 일어날 수 있는 모든 저항을 미리 예상하고, 그 대책을 강구함으로써 비로소 당신의 행동 계획은 완전한 것이 될 수 있다.

긍정적인 마인드로
정신을 무장해라

"도저히 손댈 수 없는 곤란에 부딪쳤다면 과감하게 그 속으로 뛰어들어라. 그러면 불가능하다고 생각되었던 일들이 가능해진다. 자신의 능력을 완전히 신뢰만 한다면 반드시 이룰 수 있다."

데일 카네기의 말이다.

알렉산더 대왕은 원정을 나서기 전에 자신의 땅과 집, 보물 등 자기 소유의 모든 재산을 부하들에게 골고루 나누어 주었다. 그러자 오랫동안 대왕을 모셔 온 한 하인이 의아한 얼굴로 물었다.

"재산을 모두 나누어 주면 대왕께서는 무엇을 가지시렵니까?"

"난 희망만을 가질 따름이다."

알렉산더는 태연히 대답했다.

"이긴다, 이긴다고 생각하면 정말 이긴다."는 말이 있다. 진다고 생각하면 지게 되는 것을 알았기 때문에 내일을 기약할 수 없는 전쟁터로 나가면서도 알렉산더 대왕은 반드시 이긴다고 자기최면을 걸었다.

스스로 자기 자신을 보증하는 것이 가장 확실하다. 다른 사람은 그렇게 믿을 만한 것이 못 된다. 누구나 각각 자기 사정이 있기 때문에 다른 사람을 믿었다가는 실망하게 되는 경우가 많다.

나는 꼭 성공할 사람이므로 성공하기 위해 무엇을 해야 할까 하는 현실적인 문제 처리를 고민하다 보면 그 방법이나 순서 등이 확실해진다.

성공한 사람들은 모두 이러한 방법을 취하고 있다. 이렇게 믿고 추진해 나가기 때문에 돈이 없거나 지위가 낮거나 기타 다른 고통이 있었어도 그들은 크게 개의치 않았다. 그들은 하루하루를 즐겁게, 오늘보다 내일이, 내일보다는 모레가 나아지도록 만들 수 있다고 생각한다. 이 얼마나 전진적이고 건강한 생각인가.

이러한 정신적 기둥이 없는 사람은 항상 외부 환경에 따라 끌려다니게 된다. 불안하기 짝이 없고, 친구들도 믿을 수 없고, 연인은 야박하기 이를 데 없고, 왜 이렇게 비만 내리는지…. 모든 것이 불평불만뿐이다.

이렇게 되면 끝장이다. 사람이 살아가는 동안에는 괴로움도 있고 슬픔도 따르는 것이 당연하다. 그래서 어려운 일이 닥칠 때 어떤 마음 자세를 갖는가가 성공과 실패를 가르는 중대한 잣대가 되는 것이다.

현대그룹의 정주영 회장은 누구보다도 큰 고통과 좌절의 경험을 했다.

한번은 공장에 불이 나서 엄청난 손실을 보았다. 그때 다른 사람들은 발을 동동 구르며 안절부절못했지만, 그는 의연한 자세로 사태를 바라보았다는 일화는 유명하다.

"거참, 어차피 다시 지으려 했는데, 잘됐네."

이런 차이점을 당신은 이해하겠는가. 성공한 사람과 성공하지 못한 사람의 차이는 실로 종이 한 장의 차이에 불과한지도 모른다. 그러나 그 차이점을 이해하고 실천하기까지는 결코 쉽지 않은 것이다.

정말로 자기를 사랑하고 아끼는 사람이라면 자기의 내면세계를 풍부하게 하고 그 질을 높이려고 노력한다. 그렇게 하지 않으면 도약할 수 없기 때문이다.

내부 의지가 빈약해서는 살아 있다고 해도 사는 보람을 느낄 수 없다. 나약한 사람들은 언제나 앞길을 밝게 해 주는 마음의 기둥을 세우도록 노력해야 한다. '나는 반드시 발전할 수 있는 사람이다.' 라는 마음가짐을 갖는 것이다.

그러므로 당신이 성공하고 싶다면 언제나 '할 수 있다.' 는 긍정적인 암시를 자신에게 부여하라. 방법은 자기 전에 하루 일과를 정리하면서 조용히 자신에게 말하는 식으로 하면 된다.

"내일은 모든 일이 잘될 거야."

"그 사람을 만나면 비즈니스는 반드시 성공할 거야."

이런 식으로 자신에게 자신감을 심어 주면 족하다.

자신의 재능을
발견하라

"사과 세 개를 두 명의 어린이가 어떻게 나누어 먹으면 좋을까?"

선생님이 질문을 하자 한 어린이가 손을 들고 일어나 대답했다.

"하나씩 나누어 먹고 나머지 한 개는 하나님께 드립니다."

"저런, 넌 사과를 하나 반씩 나누어 먹으면 된다는 간단한 나눗셈도 모르니?"

선생님은 그 아이를 바보 취급했다. 그런데 어쩌면 그 아이는 괴테나 에디슨 또는 아인슈타인처럼 될 만한 천재인지도 모른다. 얼마 전 미국의 두 개 주에서 조사한 결과, 낙제를 한 어린이의 20%는 IQ가 130이 넘는 천재들이었다고 한다.

뛰어난 재능을 가지고 태어난 사람을 흔히 천재라고 한다. 그런 사람들은 대부분 어렸을 때부터 눈부신 재능을 발휘하는데, 그중에는 저능아 또는 지진아라는 핍박을 받으며 어린 시절을 보낸 사람들도 있다.

재능이라고는 전혀 없을 것 같은 사람이 특정 연령에 이르러 갑자기 천재적 재능을 발휘하면서 비약하는 경우도 있다. 에디슨이나 아인슈타인 같은 사람들이 대표적이다.

이 사람들은 정말 처음에는 재능이 없었던 것일까?

아니다. 재능은 분명 내재되어 있었지만 그것을 발견하고 끄집어내는 수단과 방법을 몰랐을 뿐이다. 만약 당신이 그렇다고 한다면 얼마나 애석한 일인가. 하루라도 빨리 당신의 재능을 알아내야 하는 이유가 바로 여기에 있다.

지금까지 당신이 경험했거나 이루었던 성과 중에서 대단하다고 생각되는 것 열 가지를 가치가 큰 것부터 순서대로 나열한다. 이렇게 나열한 성과를 다음의 항목에 따라 각기 분석해 보라.

기억력, 관찰력, 상상력, 이해력, 추리력, 리더십, 정밀성, 발명 능력, 통솔력, 관리력, 경제성, 미술성, 창조성, 판단력, 협조성, 정리 능력, 운영 능력, 지속성, 자주성, 연락 능력, 판매력, 서비스성, 화술, 문장력, 행동력, 조직력, 인내력, 설득력, 연기력.

이것을 표로 만들어 해당 항목에 당신의 성과를 점수로 매겨서 기입한다. 하나의 성과마다 당신의 재능, 성격, 본능, 인간관계의 세련도 등 여러 가지 항목별로 나눈다. 점수는 100점 만점으로 하여, 이를테면 조직력은 50점, 창조성은 30점이라는 식으로 매긴다.

이렇게 해서 열 가지의 성과를 분석, 집계해 보면 당신은 어떤 항목에서 우수함을 나타내는지를 숫자로 확실히 알 수 있을 것이다. 불과 몇 시간의 수고로움이 당신 인생의 방향을 결정할지도 모른다고 생각하면 경건한 마음으로, 냉정하게 분석할 수 있을 것이다.

당신이 가지고 태어난, 숨겨져 있던 재능이 무엇인지 확실해진다면 이제 그 재능을 어떻게 계발하고 응용해 나갈 것인가를 고민하는 문제만 남게 된다.

좋은 습관들을 몸에 익혀라

적자에 허덕이는 전자 회사의 재건을 위해 취임한 A 사장이 부임하자마자 바로 시작한 것은 예금이었다고 한다.

그는 경리과장을 불러 명령했다.

"이 회사에는 도대체 저축하는 습관이 없다. 이달부터 무조건 총 매출액의 5%를 정기 예금하도록!"

경리과장은 대답했다.

"그렇게 하기는 어렵습니다. 적자로 자금 융통이 잘되지 않아 월급도 제대로 못 주는 처지인데 어떻게 예금을 생각할 수 있겠습니까."

그러자 A 사장은 다음과 같이 강력히 지시했다.

"왜 할 수 없단 말인가. 은행에 매월 매출액의 5%를 정기 예금하고, 그것을 다시 빌려 달라고 하면 될 것이 아닌가?"

누구나 빌린 돈, 이자가 나가는 돈은 어떻게 해서든지 하루라도 빨리 갚으려고 노력하게 마련이다. 돈에 여유가 있어야 예금을 할 수 있지 않겠느냐고 생각하면 언제까지라도 예금할 수 없다. 습관을 기르는 것이 중요한 것이다.

그 후 그 전자 회사는 A 사장의 탁월한 경영 능력으로 인해 이제는 최우수 상장 기업으로까지 발전하게 되었다고 한다.

아침에 이를 닦는 것처럼 무엇이든 습관이 되면 의식적으로 노력할 필요가 없다. 무엇이든 습관화되면 그것은 성격이 된다. 돈뿐 아니라 성격, 태도, 능력, 개성까지도 변화되는 것이다. 그래서 습관은 제2의 천성이라고 하지 않는가.

자기가 하는 일에 열심인 사람을 보고 '천성이 부지런하다.'고 말하지만, 생각해 보면 천성이 부지런하다는 것은 이상한 말이다. 부지런하다는 것은 근면한 습관이 몸에 배어 게으름에 저항하는 것이다. 그것에 익숙해지면 일하는 것은 괴로움이 아니라 오히려 즐거움이 되므로 일에 열심일 수밖에 없게 된다. 그러므로 부지런한 것은 천성이라기보다는 근면한 생활을 하는 습관이라고 해야 옳다.

습관이란 인간으로 하여금 아무리 어려운 일이라도 해낼 수 있도록 만들어 주는 마력을 지니고 있다.

열정이라는 꺼지지 않는 엔진을 달아라

흔히 성공한 사람들에게 성공의 비결을 물으면 가장 커다란 요인으로 끊임없는 열정을 꼽는다.

"열정 없이는 어떤 위대한 일도 결코 성취할 수 없다."고 에머슨은 말했다. 또 현대 경영학의 아버지라 불리는 피터 드러커는 첨단 기술이나 기계보다 인간 그 자체에 주목해야 한다면서, 열정을 지닌 인간이야말로 세상을 바꿀 수 있는 유일무이한 존재라고 갈파했다.

꾸준한 열정은 성공을 보장해 준다. 그러나 내면 깊숙한 곳에서부터 우러나오는 열정이 아닌, 겉으로 남에게 보이기 위한 열정은 오래가지 못한다.

자신의 목표를 뚜렷하게 파악하고, 그에 따른 문제들을 열정적으로 해결해 나가다 보면 하나의 목표를 달성할 수 있다. 그러나 여기에 그치지 않고 다시 계속해서 제2의 목표를 세우고 열정적으로 뛰는 사람은 다른 사람을 앞지르는 성공자가 될 수 있다.

사람들을 크게 분류하면 대체로 다음 세 가지 유형으로 나눌 수 있다.

첫째, 생활을 통해 자기가 접촉하게 되는 사물로부터 작게나마 교훈을 찾아내 스스로 성장해 가는 승화형.

둘째, 어떻게 하면 인생을 좀 더 유쾌하게 살 수 있는가에 관심이 큰, 생활을 즐기는 전위형.

셋째, 크게 기뻐하거나 슬퍼하지 않고 항상 생활의 무게에 허덕이는 억압형.

인간에게는 성욕, 식욕, 공격욕, 지배욕 등 여러 가지 본능이 있는데, 이러한 에너지를 자기 능력을 키워 가는 일에 집중시켜 생산적으로 활용하는 것이 승화이며, 이러한 승화형이 성공을 쟁취하기에 유리한 유형이다.

대학에서 육상 선수로 활동했던 필 나이트는 운동화에 매료되어 그 사업에 목숨을 걸었다. 아버지가 돌아가신 후 가장이 된 루치아노 베네통은 여동생과 옷 장사에 뛰어들어 세계 최고의 패션 기업 〈베네통〉을 만들었다. 단돈 2천 달러로 시작해 세계 최고의 컴퓨터 판매 업체로 성장한 델 컴퓨터의 마이클 델도 겨우 17세라는 어린 나이에 사업을 시작했다.

"우리는 일에 대한 열정으로 밤을 새웠으며, 배고프다는 이유만으로 우리의 일을 중단하지 않았다."

이것은 빌 게이츠의 말이다. 그가 어린 시절부터 컴퓨터 앞에 앉으면 시간 가는 줄을 몰랐다는 일화는 이제 모르는 사람이 없을 정도다. 어릴 때 그의 친구들은 모두 빌 게이츠에게 컴퓨터에 미친 놈이라고 손가락질했다.

또 발명가 에디슨은 자신의 성공 비결을 묻는 기자들에게 "나는 일에 파묻히면 시계를 보지 않는다. 한번 연구에 몰두할 때는 내가 얼마나 일을 했는지조차 모를 정도로 빠져든다."라고 대답했다.

일에 대한 열정은 바로 집중력, 몰두, 애착, 굳은 신념 등으로 이어진다. 어쩌면 이들은 모두 같은 말일지도 모른다. 모두가 마음속에서 움직이는 강인한 힘이기 때문이다.

어느 분야에서나 성공을 거둔 사람들은 모두 자기 일에 정열을 바친 사람들이다. 아침에는 남보다 일찍 일어나 출근하고 출퇴근길이나 차 속에서도 항상 일에 대해 생각하며, 심지어는 식사할 때도 일 생각이 머리를 떠나지 않는다.

그들은 일 속에서 삶의 보람을 찾는다. 자기 자신을 잊어버릴 만큼 일에 열중하기 때문에 기쁨이나 슬픔에 오랫동안 잠겨 있을 시간적 여유가 없다. 이러한 사람들은 여러 가지 불만이나 분노에 의해 생긴 공격성을 여과 없이 발산하지 않고, 그 에너지를 일에 투입해 승화시키는 것이다.

"인간이란 극단적으로 무엇인가에 열중하다 보면 반드시 그것을 좋아하게 되는 성질을 갖고 있다. 좋아지지 않는다면 오히려 그것이 더 이상한 것이다."

에디슨의 말이다.

열정은 곧 몰두라는 말과 상통한다. 자신이 좋아하는 일을 즐기며 거기에 빠져 있는 모습이야말로 인간이 연출해 낼 수 있는 최고의 아름다운 모습인 것이다.

'시스코노믹스'라는 신조어까지 탄생시켰던 시스코 사의 챔버스도 집요함에 관한 한 타의 추종을 불허한 인물이었다. 그는 평소 "성공하려는 사람은 약간의 편집증을 가지고 일에 임하는 것이 좋다."라고까지 말했다.

심리학적 용어로 과도한 집착을 의미하는 편집증은 세계적인 부자들이 거의 가지고 있는 특징 가운데 하나다. 그래서 성공하고 싶은 사람이라면 그들처럼 열정을 키울 필요가 있다. 마음속에 키우는 강인한 힘, 그것은 사람을 불행에서 빠져나오게 하는 가장 강력한 무기이기 때문이다.

아놀드 토인비는 이렇게 말했다.

"열정을 갖고 일하면 성공하지 못할 일은 없다."

그렇다면 모든 일의 원동력인 열정을 가지려면 어떻게 해야 할까?

첫째, 좀 더 깊이 연구하라.

둘째, 당신이 하는 모든 일에 활기를 불어넣어라. W. 클레멘트 스톤이 말한 대로 인지하고 결부시키고 흡수하고 적용하는 원칙에 따라, 모든 분야의 정보를 이용해 당신의 문제를 해결하는 데 총력을 기울이는 자세를 취해야 한다.

셋째, 좋은 이야기를 퍼뜨려라. 기쁘고 긍정적인 이야기는 단순히 주의만을 끄는 것이 아니라, 열의를 동반하게 된다.

정보를 내 힘으로
만들어라

현대는 정보화 시대다. 물밀듯이 밀려오는 정보의 홍수 속에서 자신에게 필요한 정보를 누구보다 빨리 정확하게 짚어 내는 것이 바로 현대인의 경쟁력이 되었다. 정보의 힘도 당신을 매력적인 사람으로 만들어 주는 커다란 자산이 된다.

그런데 정보란 책이나 자료를 빨리 읽는 것만이 능사가 아닌, 그렇게 함으로써 한정된 시간에 빨리 내용을 이해하여 내 것으로 만드는 것이다.

정보를 좀 더 깊이 있게 이해하고 그것을 마음속에 새겨 두기 위해서는 다음 사항에 주의해야 한다.

첫째, 읽는 목적을 확실히 한다.

책이나 정보 자료를 읽으면서 그것이 지금 필요한 것인지 혹은 미래에 필요한 것인지를 따져 본다. 현재 내가 갖고 있는 지식이나 정보와 어떤 관계가 있는지를 잘 생각해 보는 것이다. 책을 통해 얻은 정보를 현재 이용할 수 있는 문제와 결부시켜 보면, 당신의 정보가 실제적인 것이 되어서 머릿속에 깊이 각인될 것이다. 만일 이런 작업을 거치지 않으면 중요한 정보와 중요하지 않은 정보가 뒤섞여 머릿속이 뒤죽박죽이 되어 버릴 것이다.

둘째, 상상력을 동원한다.

지금 읽고 있는 정보 자료가 당신이 이미 알고 있던 사실에 어떤 변화를 주는가를 고려하는 것이다. 이 정보 자료를 통해 어떤 새로운 문제를 발견했는지, 어떤 새로운 연구에 자극이 되었는지, 이 정보로써 과연 무엇을 할 수 있는지를 다양한 각도에서 바라보아야 한다.

셋째, 정보를 확실하게 정리한다.

당신이 본래 알고 있던 지식에 새로운 정보가 가미되면 좀 더 훌륭한 지식으로 탄생된다. 그러므로 중요한 정보라고 느끼면 밑줄을 치고 메모를 한 다음, 마음속에서 되풀이해 그 자료를 당신의 것으로 정리해 가는 작업이 필요하다.

넷째, 적당한 양을 받아들이자.

한꺼번에 너무 많은 것을 배우려 하면 머리가 혼란스러워 도리어 능률을 저하시킴에 유의해야 한다. 한 번에 소화하는 분량은 사람에 따라 다르다. 그러므로 정보가 좀처럼 머리에 들어오지 않고 이해가 되지 않는 경우에는 무리하게 앞으로 진행하지 말자. 그럴 때는 잠시 쉬었다가 다시 진행하거나 분야가 다른 일을 해 보는 것이 좋다.

정보는 생명이다. 그래서 많은 사람들이 발 빠르게 정보를 수집하기 위해 노력하는 것이다. 우리는 얼마만큼 노력해서 얼마나 귀중한 정보를 얻느냐가 한 사람의 능력을 판가름하는 시대에 살고 있다. 신문이나 잡지, 텔레비전, 인터넷 등 손쉽게 접할 수 있는 정보는 그만큼 많은 사람들에게 공개되어 있고 차별화되지 않으므로 사실상 정보로써 가치가 떨어진다. 시간을 들이고 발로 뛰고 공을 들여 얻은 정보만이 나만의 값진 정보임을 잊어서는 안 된다.

당신에게 주어진 하루는 1,440분이다. 이 시간의 1%만 정보를 연구하고 생각하며 찾아보는 데 투자하라. 그러면 이 14분이 당신에게 어떤 성과를 가져다주는지 곧 놀라운 결과를 보게 될 것이다.

당신이 이런 각오로 시작한다면 식사할 때, 지하철을 탈 때, 샤워를 할 때 등 언제나 정보를 얻으려는 노력을 기울일 것이다. 정보에 대한 갈망이야말로 귀중한 정보를 얻는 비결이다.

보는 각도를 달리하면 악운도 운이 된다

많은 사람들이 자기 스스로를 '나는 의지가 약하고, 결단력이 부족하다.' 라고 생각하는 경우가 의외로 많다.

그런데 과연 실제로도 그럴까?

뛰어난 칼럼니스트로 명성을 떨치고 있는 A씨는 '나는 틀렸다.' 라고 비관한 나머지 염세의 늪에서 헤매다가, '이제부터 새롭게 시작하자.' 라고 분발을 결심하지만 사흘도 못 가 다시 무너지는 일을 오랫동안 반복하고 있었다.

예를 들면 아침에 일찍 일어나 영어 학원에 다니며 자기 발전을 꾀하자고 굳은 결심을 하지만, 며칠만 지나면 아침잠의 유혹을 이기지 못해 학원비만 낭비하는 꼴이 되곤 했다.

또한 직장을 그만두었다가 다시 취직하고, 취직했다가는 곧 그만두어 버렸다. '이번에는 절대로 그만두지 않는다. 과장이 될 때까지 계속 다닐 거야.' 라고 결심하지만 6개월도 채 되지 않아 다시 그만두곤 했다.

때로는 독립해서 무엇인가를 해 보자고 마음먹지만 도중에 좌절하고, 다시 방황하기 일쑤였다. 이 지경이 되고 보면 그가 자신의 의지력과 실천력이 없음을 한탄하는 것도 당연한 일이다.

그러나 다른 사람들이 그를 평가하는 내용은 자신의 판단과는 상당한 차이가 있었다.

"그는 의지의 한국인이야."

"결단력이 부러울 정도로 뛰어나."

참으로 불가사의한 일이다. 이것은 도대체 어떻게 된 까닭일까?

대답은 간단하다. 그를 바라보는 각도가 다르기 때문이다. 그들은 그를 보고 이렇게 말하는 것이다.

"그는 자기 적성에 맞는, 하고 싶은 일에 대해서 집념을 갖고 물고 늘어지는 편이야. 그는 결국 일을 내고 말 거야. 그의 의지력과 결단력이라면 충분히 가능한 일이잖아."

"그 사람은 '그만두고 싶다.' 또는 '그만두어야겠다.'고 결심하고 나면 망설임 없이 실천에 옮깁니다. 우리들로서는 상상조차 할 수 없는 일이지요. 그 결단력과 실행력에 감탄하지 않을 수 없습니다."

본인의 평가와 다른 사람의 평가가 이렇게 다를 수 있는 것일까.

"다른 사람들의 이러한 평가는 나에게 있어 귀중한 발견이었습니다. 나 자신을 어둡게 보고 고민하는 것보다 '나는 의지가 강한 모양이야. 남들이 부러워할 정도로 결단력이 있을지도 모르고.' 이렇게 나 자신을 밝고 긍정적으로 생각하고, 각도를 바꿔 나 자신을 바라보는 것이 훨씬 생산적이고 건강에도 좋다는 사실을 깨달았습니다."

이후 그는 자신을 다른 사람들이 평가해 준 대로 생각했다. 그러자 놀랍게도 의지가 강해지고 실천력이 좋아졌다는 것을 느낄 수 있었다.

'나는 강하고 끈질긴 실행력을 갖고 있다!'라는 자기암시가 그를 변화시켰던 것이다.

어차피 주관적인 부분이라면 밝고 긍정적으로 자신을 판단하라. 그렇게 보는 각도를 바꿔 마이너스적 요소를 플러스적 요소로 전환시키자.

성공 공식을 지켜라

거듭 말하지만, 매력 있는 사람은 곧 성공한 사람이라는 등식이 성립된다. 바꿔 말해서 성공한 사람들은 한결같이 매력 있는 요소를 지니고 있었다는 말이다.

매력 요소 가운데 벤자민 프랭클린이 말하는 다음 13가지의 성공 공식은 반드시 필요한 덕목이므로 완전히 체질이 되도록 몸에 익히는 것이 좋다.

1 절제하라.

몸이 나른해질 정도로 먹지 말고, 취하도록 마시지 말라. 과식과 과음은 몸에도 좋지 않지만, 포만감을 느끼는 것은 정신을 해이하게 하여 진취적인 기상을 녹슬게 만드는 원인이 됨을 생각해야 한다.

2 침묵하라.

대개 사람들은 수다를 즐기기도 한다. 또 그저 아무 이야기나 지껄이면서 스트레스를 풀기도 한다. 그러나 쓸데없는 이야기가 화근이 되는 경우가 많으므로, 그때그때 잘 판단하여 해가 될 수 있는 대화는 피하라는 말이다.

3 질서 있게 살아라.

물건을 가지런히 정리하는 습관은 여러 모로 좋은 결과를 낳는다. 또 해야 할 일은 미루지 말고 우선순위에 따라 질서 있게 하라.

4 결정을 내려라.

살아가다 보면 결정할 일이 매우 많다. 심사숙고해서 판단했으면 단호하게 결정을 내리고, 결정을 내린 일은 반드시 실행하라.

5 절약하라.

이것은 부자가 되는 첫째 조건이다. 사소한 지출을 줄이고, 평소 모든 것을 아껴 쓰는 습관으로 절약을 생활화하라.

6 부지런하라.

한 번뿐인 인생, 길어야 80년. 그중에서 활발하게 일하는 시간은 그리 많지 않다. 그러므로 시간을 헛되이 쓰지 말고, 항상 의미 있는 일에 시간을 써야 한다.

7 성실하라.

'저 사람은 성실하다.'라는 평가를 받는다면 최고의 찬사다. 성실함이 몸에 밴 사람은 다른 사람으로부터 큰 점수를 받으며, 자신의 인생을 짜임새 있게 꾸려 나갈 수 있다.

8 정의롭게 살아라.

윤리적으로 살아가는 것은 매우 중요하다. 순간의 실수로 소중한 인생에 오점을 남기거나 앞날을 아예 망쳐 버리는 일이 없도록 매 순간 주의하는 것이 좋다.

9 청결하라.

몸이나 옷, 집과 사무실 등 자신이 쓰는 물건, 생활하는 공간을 항상 청결하게 하라. 이것은 건강에 좋을 뿐 아니라 혼란스러운 정신도 맑게 유지시켜 준다.

10 평온한 마음을 지녀라.

평정심을 잃지 않는다는 것은 매우 실천하기 어려운 덕목이지만, 그럼에도 불구하고 어떤 일 앞에서도 평정심을 잃지 않도록 노력해야 한다. 어떤 사람 앞에서, 또는 어떤 문제에 닥쳤을 때 화를 내거나 분노하는 것은 자신의 건강을 크게 해칠 뿐더러, 설령 그런 감정을 표출한다고 해도 결코 문제가 해결되지 않기 때문이다. 그런 경우는 객관적으로 상황을 판단한 다음, 숙제를 하듯 차분히 해결해 나가려는 노력을 해야 한다.

11 극단을 피하라.

중용의 덕은 일상생활의 모든 면에 적용해야 한다. 지나친 것은 부족함만 못하며, 과욕이 화를 부르는 법이다. 넘치지도 않고, 부족하지도 않게 사는 법을 연구하라.

12 순결하라.

지나치게 이성을 탐닉하는 사람은 큰 비전을 달성하기 힘들다. 성적인 욕구를 승화해 역사적으로 위대한 업적을 남긴 위인들은 많지만, 성을 지나치게 탐닉한 사람은 하나같이 패망의 길을 걸었다.

13 겸손하라.

벼는 익을수록 고개를 숙인다는 속담이 있듯, 아무리 지위가 높고 지식이 뛰어난 사람이라도 겸손하게 생활하는 습관을 들여야 한다. 겸손한 사람에게는 사람이 따르지만, 교만한 사람은 아무도 쳐다보지 않는다.

심리학적으로 사람이 살아갈 때는 기본적인 동기가 필요하다고 한다. 거기에는 다음의 7가지가 있다.

첫째, 자기 보존의 욕망.

둘째, 사랑과 공포, 섹스.

셋째, 사후 세계에 대한 생각.

넷째, 육체와 정신의 자유.

다섯째, 분노와 미움의 감정.

여섯째, 자기표현의 욕망.

일곱째, 부富.

이런 동기들 가운데 한 가지 혹은 몇 가지 동기의 결합이 사람으로 하여금 어떤 일에 매진한다든가 살아가는 동기를 부여해 준다는 것이다.

그러나 자신의 동기에 이끌려 잘못된 방향으로 나아간다면 목표를 제대로 이루기 어려울 뿐 아니라, 동기 자체에 매달려 정작 미래 지향적인 삶에 걸림돌이 생긴다. 그러므로 평소 성공 공식을 몸에 익혀 올바른 방식으로 세상을 살아가는 것이 지혜로운 방법이다. 당신이 이제부터 새로운 각오로 인생의 성공을 이루고 행복해지길 간절히 바란다면, 반드시 이 성공 공식을 하나씩 지켜 나갈 계획을 세워야 할 것이다.

일상생활에서 위의 13가지 공식을 완벽하게 지키며 사는 사람을 찾아보기는 힘들다. 왜냐하면 바쁜 현대인들은 인격적으로 수양을 하고 살기가 어렵기 때문이다.

그러나 실제로 성공한 사람들의 지난날을 보면 그들은 모두가 이 성공 공식을 하나같이 잘 지키고 살았던 사람임을 쉽게 발견할 수 있다. 어려운 일이지만 그들은 이 공식들의 필요성을 깨닫고 한계를 극복해 낸 장본인들인 것이다.

그러므로 당신은 이 공식들을 완전하게 몸에 익혀 습관이 되도록 끊임없이 훈련해야 한다. 그런데 이 공식들을 한꺼번에 습득하기는 어려운 일이다. 이를 익히는 효율적인 방법은 한 주에 한 가지씩 덕목을 정해 놓고 꼬박 1주일 동안 적극적으로 실천해 보는 것이다. 계획표를 짜서 수첩에 적은 후 구체적인 실천 방안을 세워 보는 것도 좋다.

　이런 식으로 매주 한 가지씩 실천한다는 목표를 가지고 노력해 본다. 그리고 이 과정을 다시 처음부터 반복한다. 이와 같이 노력을 거듭하다 보면 실생활에서 이제 좀 체질화되었다는 느낌이 올 때가 있을 것이다. 그렇게 될 때까지는 짧게는 몇 달, 길게는 1년, 아니 몇 년이 걸릴지도 모른다. 그러나 이것은 어디까지나 당신의 일상생활을 유지하는 가운데 기울이는 작은 노력에 불과하다.

　넓게 보면 당신의 인생을 성공적으로 이끌기 위해 주된 업무나 일상생활을 하면서 한 가지씩 실천해 나가는 것은 그리 어려운 일이 아니다. 13가지 공식들은 성공으로 가는 가장 쉬운 길인지도 모른다.

자기 계발에
게으르지 마라

당신이 성공할 수 있느냐 없느냐는 당신의 노력 여하에 달려 있다. 상사나 주변 사람들이 당신에게 힘이 되어 줄 수 있는 부분은 극히 한정적이다. 인생을 설계함에 있어 제일 먼저 자신의 모습을 정확히 알고, 이를 기초로 자기 개선을 위한 노력을 거듭해 나가지 않으면 안 된다.

그렇게 하기 위해서는 먼저 스스로에게 다음과 같이 질문해 보라.

첫째, 나의 장점은 무엇이며, 어떤 일을 남보다 잘할 수 있는가.

둘째, 지난날 내가 가장 성공적으로 수행한 일은 무엇이며, 그 일을 해내는 데 어떤 능력과 기술이 필요했는가.

셋째, 내가 실패하는 것은 어떤 상황이며, 지금까지 나의 3대 실패는 무엇이었는가. 또한 그중에서 가장 큰 실패는 무엇이었는가.

넷째, 나의 실패의 원인은 무엇이었으며, 그것을 극복하기 위해 어떤 노력을 했는가.

다섯째, 지금 당면한 문제는 무엇이며, 그중에서 가장 큰 세 가지는 무엇인가.

이 5가지의 질문에 대해 냉정히 생각해 보면 현재 자기의 장점과 단점이 확실해질 것이다. 그리고 이를 되풀이해서 검토해 보면 자기가 앞서나갔는지 뒤처졌는지도 알 수 있게 된다.

또한 자신의 자질에 관해서도 다음과 같이 질문하고 답함으로써 그것을 분명히 인식하도록 노력해야 할 것이다.

첫째, 나의 사명은 무엇인가.

둘째, 내가 하고 있는 일에는 어떤 의미가 있는가.

셋째, 나는 어떤 재능을 가지고 있는가.

넷째, 내가 좀 더 잘할 수 있는 일은 무엇인가.

다섯째, 나는 어떤 가치가 있는 일을 하고 있는가.

자신의 참된 모습을 객관적으로 냉정하게 분석해 봐야 한다. 철저한 자기 분석을 통해 객관화된 자기 계발을 기초로 삼는다. 그런 다음, 자신의 장점을 최대한 끌어올리고, 결점을 개선하려는 꾸준한 노력을 한다.

이때 다음 사항을 주의하라.

첫째, 처음부터 너무 많은 것을 한꺼번에 개선하려고 욕심 부리지
말 것. 당장 시급한 분야부터 개선의 노력을 집중하는 것이 현명한
방법이다.

둘째, 몇 가지의 작은 개선이 합쳐져 커다란 결과를 낳도록 노력할
것. 커다란 개선은 계속되는 작은 개선이 있음으로 해서 비로소 이룩
된다는 점을 잊어서는 안 된다.

셋째, 자기 개선에 도움이 될 수 있는 방법을 효과적으로 이용할
것. 이를테면 자기 계발에 도움이 되는 책을 읽거나 강연회에 나가거
나 상사, 선배 등에게 상담을 듣거나 한다.

넷째, 독서나 조사를 위한 계획표를 만들어 둘 것. 목적이나 계획
없이 닥치는 대로 읽거나 조사하는 것은 시간 낭비에 지나지 않는다.
처음부터 계획을 세워 놓고 그에 따르는 편이 훨씬 능률적이다.

다섯째, 자기 개선을 위한 시간을 마련할 것. 자기 개선을 위한 시
간도 당신의 시간표에 넣어라. 그 시간이 하루에 30분이든 1시간이
든 상관없다. 매일 규칙적으로 자기 개선을 위한 시간을 갖는다는 사
실이 중요하다.

여섯째, 계획표 가운데 점검을 위한 항목을 넣어 둘 것. 자기 개선
의 성과를 정기적으로 점검하는 것이 중요하다.

이러한 점검을 통해 비로소 자기가 의도한 바가 이루어졌는지, 자신의 능력이 진보되었는지의 여부를 분명히 알 수 있다.

3개월이 지나 개선 상황을 체크하고, 6개월이 지나 다시 이를 체크하는 방식으로 끊임없이 노력한다면 맨 처음 시작할 때와 같은 열의로 항상 새로운 활력을 가질 수 있을 것이다.

자기 계발, 자기 개선을 함에 있어 중요한 것은 자발적인 인간이 되어야 한다는 점이다. 성공한 사람은 어쩔 수 없이 일하는 사람이 아닌, 철저히 자기 의사로 행동하는 사람임을 기억하라.

페어플레이에 강한 사람이 돼라

현대는 치열한 경쟁 사회다. 개인과 개인의 경쟁, 가정과 가정의 경쟁, 기업과 기업의 경쟁, 국가와 국가의 경쟁 등이 불꽃을 튀기고 있다. 아무리 친한 친구 사이에도 경쟁심이 작용하게 마련이다. 친구의 승리는 나의 패배를 의미하기 때문이다.

그러나 우리가 항상 잊지 말아야 할 것은 페어플레이 정신이다. 다른 사람이 나를 앞지른다고 해서 그 사람을 붙잡고 늘어져서는 안 된다. 경쟁은 어디까지나 정정당당해야 한다.

일본의 과자 회사 중 모리나가 제과와 메이지 제과는 오랫동안 시장 점유율을 놓고 서로 치열한 경쟁을 벌여 온 라이벌 관계다. 한번은 위생 검사에서 모리나가 제품에 유해물이 함유된 사실이 적발되었다. 한 기자가 메이지 제과 사장에게 이 사실을 알리며 질문을 했다.

"경쟁사가 저렇게 되었으니 메이지는 좋은 기회가 되겠군요?"

메이지 사장은 대답을 거부하고 회사로 돌아가 긴급 간부 회의를 소집했다. 그리고 모리나가에 관한 언급은 절대로 하지 말라는 함구령을 내렸다.

경쟁 회사의 약점을 이용하지 않는 그의 지혜로운 페어플레이 정신은 이 시대를 사는 우리를 돌아보게 한다. 지금 우리들이 경쟁하는 모습은 과연 어떠한가?

우리는 경쟁에 이기지 못하면 도태되는, 비정과 무자비가 판치는 현대사회를 살고 있다. 그래서 때로는 졸렬하고 비열한 방법을 동원하기도 한다. 그런 방법을 쓰면 당장의 이득은 보겠지만 뒤끝이 개운하지 않다. 그렇게 얻은 승리는 결과적으로 플러스 요소보다 마이너스 요소를 안겨 줄 뿐이다.

페어플레이 정신을 다음의 세 단계에 따라 실천해 보라.

1단계는 기본적인 수행이다. 이것은 조직 속에서 일을 계속해 나가기 위해 성취해야만 하는, 아주 기본적인 수준의 수행을 말한다. 이 수행을 거쳐 사람들은 그들의 위치를 유지할 뿐 아니라 앞으로 성공할 수 있는 기초를 다진다.

2단계는 성공적인 수행이다. 함께 일하고, 토의하면서 리더와 부하 직원이 성공적인 수행을 위해 각자가 추구하는 바를 이해하는 것이다.

3단계는 가치 있는 수행이다. 이것은 계획보다 모든 면에서 우수하게 업무를 수행하는 것을 말한다. 이 단계는 핵심적인 것으로 최고 실적을 낳게 한다. 이것은 의견을 공유하고 토의하면서 결정된다.

세상에 독불장군은 없다. 회사에서는 특히 혼자 끝낼 수 있는 일이란 거의 없다. 두 사람 이상 협력해 업무를 수행하지 않으면 안 된다.
대부분의 경우, 그저 사교성이 있는 사람이나 남의 의견을 잘 맞춰주는 사람이 팀워크가 좋은 사람으로 착각된다. 그런 사람들은 친목회나 야유회에서는 팀워크가 좋은 사람일지도 모른다. 그러나 일을하는 경우에는 의외로 팀워크에 도움이 되지 않는다. 팀워크가 좋은사람이 되려면 다음과 같은 조건을 갖추지 않으면 안 된다.

첫째, 자기의 수비 범위를 지키는 사람이 되어야 한다. 예를 들어복식 테니스의 경우에 팀워크 여하가 승패를 결정하는 것을 보면 잘알 수 있다. 다른 부문을 간섭하지 않고 자기의 직무를 정확히 수행하면서, 여력이 있고 꼭 필요한 경우에 한해 다른 부문에 조언을 하거나 원조를 하는 사람이 팀워크를 위해 필요하다.
수비 범위를 지키는 인간이란 자기의 직무에 관한 정보의 분석이나 수집에 능하고, 자기의 직무에 관한 한 누구로부터 어떠한 질문을받더라도 바로 대답할 수 있을 정도의 지식을 갖추고 있는 사람이다.
또한 보고의 경우에도 어디까지나 상대방의 입장을 생각하고 보고하는 사람, 회의에서도 혼자 발언을 독점하지 않고 다른 사람에게도 발언의 기회를 주는 사람이 바람직하다.

둘째, 그저 대세를 따르는 것이 아닌, 개성과 창조성을 지닌 사람이어야 한다. 개성이 없고, 자신의 주장이 없는 사람은 아이디어도 없을뿐더러 무엇이든 다른 사람이 하는 대로 따르려는 습성을 지니고 있다. 때문에 팀워크에 기여하지 못한다. 비슷비슷한 사람들이 모인 팀에는 플러스가 없다. 이질적이거나 개성 있는 사람들이 모여 있는 조직이라면 장점이 있다.

셋째, 사람들로 하여금 우애와 신뢰감을 얻을 수 있는 사람이어야 한다. 팀워크란 여러 사람이 한마음으로 일하는 것이다. 그러려면 서로에게 인간적인 신뢰감을 가져야 한다.

03

꿈을 현실로 만드는 매력 습관

C O O L & S K I L L

플러스적인 자기암시를 주는 습관

들판에 피는 꽃들은 하나같이 햇빛이 비치는 쪽을 향해 피고 있다. 그래야 건강하고 아름다운 꽃을 피울 수가 있다. 감정이 없는 식물조차도 밝은 쪽을 향해 뻗어 가는 것이다.

사람도 마찬가지다. 우울하고 어두운 사람은 주변에 사람도 모이지 않는다. 이런 사람은 일을 하는 데 있어서도 밝은 면보다는 어두운 면을 먼저 보기 때문에 일의 성과 역시 남들보다 뒤처진다.

사람은 누구나 어린 시절에는 방긋방긋 웃으며 산다. 그러나 어느새 자신도 모르는 사이에 밝은 표정이 점차 어둡게 변하고, 그에 따라 사고방식 또한 부정적인 쪽으로 길든 사람이 많다.

무슨 일에 직면했을 때, 그것을 어떻게 해석하느냐 하는 것은 성공과 실패를 가르는 중대한 잣대가 된다. 만사를 긍정적으로 해석하는 사람에게는 아무리 어려운 상황이라도 반드시 길이 열린다. 반대로 부정적으로 바라보는 사람에게는 좋은 기회조차 달아나 버리며, 결과적으로 자신이 생각한 대로 실패하고 만다.

일의 실패는 물론, 인생의 실패를 원할 사람은 아무도 없을 것이다. 그러므로 당신은 모든 일을 밝게 해석하는 습관을 가져야 한다.

자기암시의 과정은 어떤 생각을 받아들이고, 그 생각을 현실로 바꾸는 2단계로 성립된다. 그리고 이 두 가지 작용을 담당하는 것은 무의식, 즉 잠재의식이다.

심리학자들은 어떤 생각이 잠재의식에 수용되면 그것은 반드시 실현되는데, 이를 자기암시의 효과라고 말한다.

아프리카에서 살던 슈바이처 박사는 암시가 생체 기능에 어떤 영향을 미치는가에 대한 충격적이고 놀라운 사건을 목격했다.

아프리카 랑바레네 지방의 원주민들은 아이를 낳으면 아이 아버지가 술을 마시고 기분이 몽롱한 상태에서 무엇인가를 중얼거리게 한다. 왜냐하면 그때 아버지가 말하는 신체 부위가 아이에게 약한 부위가 된다고 생각했기 때문이다. 어깨라고 말하면 어깨가, 무릎이라고 말하면 무릎이 태어난 아이의 터부가 되어 그곳을 맞으면 죽는다고 믿고 있었던 것이다.

하루는 어떤 사람이 바나나를 요리해 먹은 솥을 씻지 않고 거기에 그대로 다른 요리를 만들어 먹었다. 그 사람은 한참 시간이 지난 후에 그 솥이 바나나를 요리해 먹은 솥이라는 사실을 알게 되었다. 그러자 그 사람은 갑작스럽게 경련을 일으키며 쓰러져서 손을 쓸 겨를도 없이 죽어 버렸다.

그 사람에게는 바나나가 터부였다고 한다. 바나나를 먹으면 죽는다는 자기암시에 걸려 있었기 때문에 그런 일이 일어난 것이었다.

과학적으로 암시의 위력을 나타내는 예는 수없이 많다. 그런데 암시의 강력한 힘은 일반적으로 나쁜 경우에 많이 쓰이는 것 같다.

심리학자 중에는 '의지력은 자기암시에 달려 있다.'고 단언하는 사람도 있는데, 실제로 의지가 약한 사람들 대부분은 '나는 의지가 약하다.' 또는 '끈기가 없다.'는 자기최면에 걸려 스스로 의지를 약하게 만들고 있다고 한다. 오랜 기간 동안 소극적인 사고방식이 축적되어 실제로 의지가 약한 성격이 형성된 것이다.

따라서 부정적인 생각 대신 '나는 의지가 강하다. 끈기가 있다.'라는 전진적이고 건설적인 사고를 하는 습관을 갖게 되면, 실제로도 적극적이고 밝고 건설적인 힘이 길러져 강하고 굳센 의지력을 가진 사람으로 탈바꿈하게 될 것이다.

물론 그런 암시를 자신에게 한 번에 걸 수는 없다. 지금까지 자신이 의지가 약하다고 생각해 왔으므로, 잠재의식이 새로운 암시를 쉽게 받아들이지 않을 것이기 때문이다.

따라서 아무리 작은 일을 통해서라도 자신의 의지로 성공시키는 모습을 스스로 경험하고, 이러한 자신감의 토대 위에서 한 걸음씩 발전적으로 의지가 강하다는 암시를 키워 나가야 할 것이다.

당신이 할 수 있다고 믿는다면, 당신은 당신이 싫어하던 어떤 사람을 좋아할 수 있는 이유나 방법까지 발견하게 될 것이다. 당신이 할 수 있다고 믿는다면, 지금 당신을 괴롭히고 있는 개인적인 문제의 해결책을 찾아낼 수 있을 것이다. 당신이 할 수 있다고 믿기만 한다면, 당신은 크고 좋은 새 집을 살 수 있는 방법을 틀림없이 찾아낼 것이다.

　세계적인 복싱 스타 무하마드 알리는 시합 전에 언제나 "나는 이긴다. 나는 세계에서 제일 강한 복서다."라고 단언하곤 했다. 그가 세계 최강의 복서 자리에 오랫동안 머물 수 있었던 것은 그러한 잠재의식의 힘이 컸을 것이다.

　당신의 잠재의식은 24시간 쉬지 않고 활동하면서 한번 받아들인 것은 결코 잊어버리지 않고 당신을 끊임없이 바꿔 간다. 그러므로 잠재의식에 명령할 때, 즉 무엇인가를 단정 지을 때는 자기에게 불리한 말을 해서는 안 된다.

　'나는 커피를 마시면 새벽 3시까지 잠들 수가 없다.'고 말하는 것은 자신의 잠재의식에게 '내 몸을 새벽 3시까지 잠들게 하지 마라!'고 명령하는 것과 같다. 따라서 이 사람은 정말 새벽 3시까지 잠들 수 없게 되어 버린다. 마찬가지로 '나는 돈과는 인연이 없다.'고 말하면 항상 가난하게 지내라고 잠재의식에게 명령하는 것과 같다.

　항상 잠재의식을 당신에게 유리하게 활동하게 하라. 보이지는 않지만 언제나 사람의 내면에서 외부로 향한 모든 것을 통제하는 잠재의식이야말로 당신의 모든 행동력과 창조력, 추진력, 정신력을 좌우하는 것임을 잊어서는 안 된다.

또한 성공한 사람들의 경력을 주의 깊게 살펴보면 다음과 같은 사실을 확신하게 된다. 역설적이지만 참으로 많은 사람들이 단점을 갖고 있기 때문에 성공하게 된다는 것이다. 단점을 극복하려는 과정이 노력과 성공의 자극제가 되고 있는 것이다.

평생을 인간의 잠재능력에 대해 연구해 온 심리학자 알프레드 아들러는 다음과 같은 말을 했다.

"인간의 가장 놀라운 특성의 하나는 마이너스적 요소를 플러스적 요소로 바꾸는 힘이다."

《실락원》을 쓴 밀턴은 시각 장애인이었기 때문에 남보다 뛰어난 시를 쓸 수 있었고, 베토벤은 청각 장애인이었기 때문에 그렇게 뛰어난 곡들을 작곡했는지도 모른다. 헬렌 켈러의 놀라운 생애 역시 그녀가 여러 장애를 가지고 있다는 신체적 약점에 자극을 받았기에 가능했을 것이다. 그녀는 복합적인 장애에도 불구하고 한번은 자신의 장점을 종이에 적어 보았더니 2천 가지가 넘더라는 일화가 전해진다.

인간은 위기에 몰렸을 때 자신의 한계를 넘어선 엄청난 힘을 발휘하는 불가사의한 존재다. 그러므로 아무리 어려운 환경과 처지일지라도 가만히 관찰해 보면 얼마든지 성공의 문으로 나가는 길이 보이게 마련이다.

만일 차이코프스키가 의기가 꺾이지 않고 비극적 결혼으로 자살 직전까지 쫓기지 않았다고 생각해 보자. 즉 그의 생활이 슬프지 않았다면 적어도 불후의 명곡인 〈비창〉은 세상의 빛을 보지 못했을 것이다.

톨스토이나 도스토예프스키도 고통스러운 생활을 해 보지 않았다면 그들 역시 뛰어난 소설을 쓸 수 없었을지도 모른다.

찰스 다윈은 "만약 내가 병약하지 않았다면 이처럼 많은 일을 성취할 수 없었을지도 모른다."라고 약점이 뜻밖에도 도움이 되었다는 사실을 고백했다. 그러나 대부분의 사람들은 별것 아닌 자신의 약점에 지고 만다. '나는 아무것도 할 수가 없다. 도대체 나에게 무슨 능력이 있단 말인가?'라고 체념하며 세상을 원망하고 자기 연민에 빠져 허우적거린다.

그러나 현명한 사람은 이렇게 자문한다.

'이 불행 속에서 나는 어떤 교훈을 얻을 수 있을까? 어떻게 하면 이 상황에서 벗어날 수 있을까? 질병의 고통과 불우한 가정생활, 신체적 장애와 실패라는 마이너스 요소를 어떻게 플러스 요소로 바꿀 수 있을까?'

위기를 기회로 바꿔 성공한 미국의 한 농부가 있다. 그는 처음으로 한 농장을 인수하게 되었다. 그런데 기쁘기보다는 망연자실해서 일할 용기가 나지 않았다. 토질이 너무 거칠어 과수원은 꿈도 꾸지 못할 뿐 아니라 돼지조차 사육할 수 없었기 때문이다. 그 농장에는 오로지 가시덤불과 방울뱀만 번성했다.

그때 그는 기발한 생각을 해냈다. 방울뱀을 이용해 보자는 것이었다. 그는 자신의 농장에 기어 다니는 방울뱀을 잡아 그 고기로 통조림을 만들고, 가죽은 가방이나 구두의 재료로 가공해 비싸게 팔았다. 그가 큰 성공을 거두었음은 두말할 것도 없다.

행동으로 정면 돌파하는 습관

일을 진행할 때 쭈뼛쭈뼛 겉을 맴돌거나, 하긴 해야 하는데 언제 어떻게 할지를 망설이며 도무지 실행할 엄두를 못 내는 사람이 있다. 이런 사람은 그야말로 자신의 꿈을 실현시키기 힘든 타입이다.

살다 보면 빈번히 크고 작은 문제들이 발생한다. 인생사에서 문제가 없다면 도리어 이상한 것이다. 그런 때 하던 일을 금방 중도에 포기하고 주저앉거나 실망해 좌절에 빠진다면 역시 꿈을 이루기 어려워진다. 그러므로 일을 할 때에는 다음과 같은 마음 자세로 정면 돌파하는 습관을 들여야 한다.

'이것은 얼마든지 해낼 수 있는 일이다.' 라는 마인드 컨트롤을 해야 한다. 나폴레옹이 '불가능은 없다.' 라고 말했다지만 때때로 불가능은 있어 보인다. 도저히 인간의 힘으로는 어쩔 수 없는 일이라고 생각되어 포기하고픈 순간이 찾아온다. 그러나 무언가 불가능해 보일 때 다음 사항을 잘 생각해 보라.

첫째, 실제로 시도해 보지 않은 일이기 때문에 여전히 불가능한 상태로 남아 있는 것이 아닌지.

둘째, 실제로 해 보면 별것 아니라는 생각이 들 때도 많다는 사실을 모르고 있는 것이 아닌지.

셋째, 당신의 지혜나 지식이 한계에 다다른 경우가 아닌지.

넷째, 다른 사람과의 관계가 원활하지 못해서 일의 진행이 막힌 것은 아닌지.

체크해 본 다음, 여기에 하나라도 해당된다면 불가능해 보이는 일을 다시 시도해 봐야 한다. 다음과 같은 방법을 참조하라.

첫째, 문제를 객관적으로 바라보라.

문제는 하나의 수학 문제처럼 풀어 나가면 된다. 어디서 어떻게 얽힌 것인지 차근차근 하나씩 매듭을 풀어 나가면 쉽사리 꽉 막힌 문제점을 발견할 수 있을 뿐 아니라, 그것을 어떤 방법으로 풀 수 있을지를 깨닫게 된다.

무슨 문제든 감정이 개입되면 이성적으로 냉정하게 판단하기 힘들

뿐 아니라 문제점을 정확하게 찾아내기 어렵다. 긴장 상태에서는 판단이 흐려지므로 편안한 기분으로 문제에 대처하라.

둘째, 서둘러 해결하려 하지 마라.

초조하게 문제점을 얼른 해결하려고 서두르다 보면 또다시 문제에 부닥친다. 조급함은 어떤 일에도 도움이 되지 않음을 명심하라.

셋째, 관련된 많은 정보를 새로이 조사하고 분석해 본다.

넷째, 당신의 통찰력을 믿어라.

당신은 어리석은 사람이 아니다. 이제까지 쌓아온 경험과 노하우를 총동원해 문제를 직시하다 보면 당신의 통찰력이 능력을 발휘해 줄 것이다.

다섯째, 위의 다섯 가지를 토대로 한 결과를 종이에 옮겨 적는다. 이를 시각적인 자료로 늘어놓고 하나씩 해결 방법을 기록해 나간다. 그리고 그것을 다시금 실천에 옮긴다.

이와 같은 방법으로 문제에 대처한다면 해결되지 않는 문제란 있을 수 없다. 이 세상은 한마디로 문제 덩어리라 할 수 있다. 문제가 없기를 바라지 말고, 문제가 생길 때마다 적절한 방법으로 해결해 나간다는 생각을 하라.

심리학자 프로이트는 인간의 마음은 90%가 잠재의식이라고 했다. 바꿔 말하면 우리가 보고 듣고 느끼는 의식, 즉 현재의 의식은 10%

에 지나지 않는다는 말이다.

우리들이 의식하지 못하지만, 우리의 행동 대부분을 지배하는 놀랄 만한 힘을 지닌 무의식이 바로 잠재의식이라는 것이다.

예컨대 우리가 길을 걸을 때 우리 입으로 '발아, 오른쪽으로 가라.' 하고 현재 의식으로 명령하는 것이 아니라, 평소의 습관대로 무의식적으로 손발을 움직이며 걸어가는 것과 같은 이치다. 쉬지 않고 숨을 쉬는 심장과 폐, 위와 대장의 작용 등 우리 인체의 모든 기관도 뇌의 잠재의식을 통한 무의식의 힘으로 활동하는 것이다. 이렇듯 우리는 무의식에 지배당하는 존재이므로, 이 무의식의 힘을 활용하면 능력을 몇 배나 증폭시킬 수 있다.

그러므로 당신이 문제에 부닥쳤을 때는 가장 먼저 '나는 이 문제를 해결할 수 있다.'라고 우선 자기 자신에게 명확히 새겨 두는 것이 중요하다.

그런데 개중에는 이런 방법을 취했어도 여전히 문제를 해결할 수 없다고 말하는 사람이 있다. 이런 경우 자세하게 그 사람의 이야기를 들어 보면 '할 수 있다.'라고 마음속에 새겼다고는 하지만 다른 한편으로는 '나는 이것을 잘할 수 없다.'라든가 '아니, 이 문제는 결코 풀 수 없어.'라는 의심이 숨어들어 있는 경우가 태반이다. 잠재의식은 순도 100%의 완벽한 본심밖에는 받아들이지 않음을 기억해야 한다.

의학적으로 볼 때 우리가 일상생활에서 무심코 하는 걱정이나 불안, 공포심, 의심 등은 독소를 발생시켜 그것이 뇌세포에 영향을 끼치기 때문에 뇌의 움직임이 점차 둔화된다고 한다.

인간의 신체 가운데 가장 활발하게 혈액이 순환되고 있는 부분은 뇌세포이며, 이 뇌세포의 혈액이 신선하고 좋은 양분을 운반할 때는 아무리 끊임없이 움직인다 해도 뇌는 결코 피곤함을 느끼지 않는다. 신체는 마음의 지배를 받으므로 어떤 일이 있어도 사소한 염려에 사로잡히지 말아야 한다.

그리고 일을 진행할 때는 반드시 해낼 수 있다는 완전한 믿음을 가지고 불가능을 정면 돌파하는 습관을 들이자. 그러면 당신의 꿈은 단지 꿈에 지나지 않게 되고, 당신은 현실 속에 당당한 성공자로 우뚝 서게 될 것이다.

일을 즐기는 습관

일과 놀이 사이에는 커다란 차이가 있다. 놀이는 그 자체가 즐겁고 신이 나서 시간 가는 줄 모르고 몰두하지만, 일은 대체로 하지 않으면 안 되기 때문에 한다. 그래서 우리는 놀이를 휴식이라 생각하고, 일은 피곤한 업무라고 생각한다.

그러나 성공한 사람들의 가장 큰 특징은 일을 놀이처럼 했다는 사실이다. 이것은 당신이 놀 때의 모습을 상기하면 쉽게 이해된다. 휴양지에 놀러 갔을 때, 춤을 출 때, 유쾌하게 술을 마실 때, 좋아하는 운동을 하며 여가를 즐길 때, 꽃을 가꿀 때, 음식을 만들고 맛있게 먹을 때 등 휴식과 연관된 일을 할 때 당신의 모습은 어떤가. 얼굴은 환하게 빛나고, 즐거워 콧노래가 절로 나오며, 마음은 기쁨에 넘쳐 에너지가 철철 넘쳐흐른다. 다른 잡념은 머릿속에 끼어들 여지 없이 오로지 노는 그 자체에 완전히 매료된다. 때로는 밤새도록 놀아도 지칠 줄 모르고 영원히 그 순간이 지속되길 바란다.

당신의 일을 이 같은 마음과 태도로 한다면 어떻게 될지를 상상해 보라. 분명히 '노는 것처럼 일을 한다면 성공하고도 남지.' 하고 생각될 것이다.

정열enthusiasm이라는 단어의 어원은 그리스어로 '신의 존재 속에'라고 한다. 마음속의 정열의 힘은 가히 신적인 힘에 근원을 둔 것이라는 말이다. 정열적으로 일을 하는 사람은 일을 즐기는 사람이다. 즐기지 않고는 정열적으로 되지 않는다.

줄리어스 시저가 군대를 이끌고 영국에 상륙했을 때의 일이다.

시저의 군대는 배로 해협을 건너왔다. 그런데 대개 이런 경우 전세가 불리해지면 도망가기 위해 미리 배를 준비해 두는 것이 관례였다. 그런데 시저는 아군의 배를 하나도 남김없이 태워 버리라고 명령했다. 병사들은 경악했다.

시저는 부하들에게 이렇게 말했다.

"전진하는 것만이 우리의 자유다. 이런 각오를 할 때 인간의 힘은 무한히 솟아오르게 되어 있다. 기력이 다해 한 걸음도 나아갈 수 없다는 생각 따위는 하지 마라. 비틀거려도 결코 쓰러지지 마라. 자신의 힘을 안이하게 평가하지 말고 아직도 무한한 힘이 남아 있다고 생각하라."

이렇게 해서 시저의 '배수의 진'이라는 일화가 생겨났다.

이와 비슷한 말로 영국 속담에는 "당신 뒤에 있는 다리를 불태워 버려라."라는 말이 있다. 모든 길이 차단되어 버린 상태에서 전진만 하는 자세는 그 일에 몰두하게 해, 거기에서 엄청난 힘이 나오며, 마침내 도전과 경쟁에서 승리하게 되는 것이다.

조건이 불리하다, 상황이 안 좋다, 저 사람하고는 일하기 힘들다 등 각종 변명이라는 출구로 도망갈 길을 마련해 놓고 일을 하는 사람은 언제든 쉽게 그 길로 빠져나가게 되어 있다. 이것은 곧 실패자의 자세다.

경마장에 가 보면 달리는 말들의 눈 양옆을 가리고 뛰게 하는 것을 볼 수 있다. 이것은 말들에게 옆을 돌아보지 말고 오로지 앞만 응시하며 달리게 함으로써 최선의 힘을 내게 하려는 의도다.

이와 마찬가지로, 당신이 꿈을 이루고자 한다면 성공으로 가는 당신의 계획을 하나씩 실천하는 일에 몰두해야 한다. 몰두는 곧 정열을 일으키며, 정열적으로 일을 하다 보면 작은 성공이 하나씩 쌓여 가게 되고, 거기서 만족감과 행복을 느낀 사람은 다시금 작은 성공에 도전한다. 작은 성공들이 축적되어 마침내 커다란 성공의 고지에 이르게 되는 것이다.

흔히 일하는 사람은 노력하는 사람을 당할 수 없고, 노력하는 사람은 즐기는 사람을 당할 수 없다고 한다. 성공을 이룬 행복한 그림을 마음속에 그리며 즐거이 일을 하는 습관이야말로 당신의 꿈을 실현시키는 매우 중요한 자세다.

언행일치를 하는 습관

말만 앞세우고 행동이 그에 따르지 못하는 사람들이 우리 주변에는 많이 있다. 말을 듣고 있노라면 그 화려한 언변에 금세 어떤 계약이라도 체결해 주고 싶을 만큼 믿음이 가는데, 돌아서면 행동은 영 다른 것이다.

신용이란 말은 사람人의 말言을 쓰는用 것으로 풀이된다. 그래서 일단 말한 바는 반드시 실행하는 사람의 말은 신용할 수가 있다. 말이 신용을 낳는 것이 아니라, 행위가 신용을 낳기 때문이다.

"우리 사장은 말을 잘하고, 이치에 맞는 말만 골라서 하지만, 아무래도 행동이 약해."

직원들의 이런 평가는, 그 경영자에게 아마 말에 따르는 행동이 없었기 때문이리라. 이치에 맞는 말을 잘한다고 사람을 설득할 수는 없다. 상대방을 설득하는 것은 표현을 잘하고 못하는 것과는 관계가 없다. 행동이라는 도장이 찍히지 않은 어음은 부도나게 마련이다.

직원들이 바라는 상사나 경영자는 말과 행동이 일치하는 사람이다. 말 한 마디라도 그것을 반드시 지킨다는 신뢰감을 줄 수 있는 사람 말이다.

아무리 많은 지식이 있고, 아무리 변설에 뛰어난 웅변가라 할지라도 스스로 실행하지 않는다면 그 사람의 말은 누구도 신뢰할 수 없다. 그런 사람은 말과 구설만 많은 경박한 인간 취급을 받을 것이다.

사람이 지식이나 지혜를 흡수하면 이를 착실하게 실천해 나가는 과정을 통해 지知와 행行이 일치하면서 마치 나선형 계단처럼 점차 인간적인 매력과 신용이 상승 곡선을 그려야 한다. 그러므로 배울수록, 경험과 지혜가 쌓일수록 언행일치는 일상생활에서부터 습관화해야 할 덕목이다.

언행일치를 실행하는 데 도움이 되는 기술이 있다. 즉, 무언가 실행하기 전에 꼭 말을 하는 것이다. 그러려면 반드시 사람들 앞에서 "나는 이것을 실행한다."고 선언해야 한다. 자기 혼자만의 생각으로는 좀처럼 실행하기 어렵기 때문이다. 선언의 효과를 이용하면 실행에 큰 도움이 된다.

쉬운 예로, 담배를 끊을 때 주변 사람들에게 전격 발표하는 사람이 있다. 이것 역시 선언의 효과를 이용해 더욱 실행을 용이하게 하기 위함이다.

수표를 발행한 이상, 반드시 일정 기일까지 은행에 입금시키지 않으면 사업 세계에서는 도태된다. 그러면 어떠한 일이 있더라도 돈을 만들자는 투지를 가지고 필사적으로 노력하게 되며, 그러한 노력은 반드시 열매를 맺게 된다.

이렇듯 언행일치는 개인에나 조직에나 필수 불가결한 향상의 조건이자 신뢰감을 얻을 수 있는 가장 큰 무기임을 명심하자.

뒤처리를 중요하게 여기는 습관

　　모든 일은 계획→실행→검토의 순서로 진행되어야 한다.

　이 중에서 특히 실행한 후의 뒤처리가 중요하다.

　아무리 계획과 실행을 훌륭하게 했다 하더라도 뒤처리를 허술하게 하는 사람은 마치 볼일을 보고 뒷마무리를 안 한 사람처럼, 어딘가 석연찮고 지지부진하게 보인다.

　《수형기水衡記》에 다음과 같은 이야기가 전한다. 중국 양나라의 장승요가 금릉에 있는 안락사라는 절에서 용 두 마리를 그렸는데 눈동자를 그리지 않았다. 사람들이 이상히 생각해 그 까닭을 묻자 그는 "눈동자를 그리면 용이 날아가 버리기 때문이다."라고 대답했다. 그러나 사람들은 그 말을 믿지 않았다.

그래서 그는 용 한 마리에 눈동자를 그려 넣었다. 그러자 갑자기 천둥이 울리고 번개가 치며 정말로 용이 벽을 차고 하늘로 올라가 버렸다. 그러나 눈동자를 그리지 않은 용은 그대로 남아 있었다.

　화룡점정은 용을 그린 다음 마지막으로 눈동자를 그린다는 뜻이다. 즉, 일을 할 때는 최후에 가장 중요한 부분을 마무리해야 한다는 것을 강조한 말이다. 용 그림에 눈동자를 그려 넣지 않는다면 그 그림은 완성되지 않은 보잘것없는 작품이 된다. 이렇듯 뒤처리를 중시하는 습관은 당신의 매력 이미지를 한결 돋보이게 하는 장점으로 부각될 것이다.

　맨 나중에 일이 잘 실행되었는지 검토하고 개선해야 할 문제점까지 분명하게 제시하는 습관은 일을 깔끔하게 처리하는 장점뿐 아니라, 성실성과 꼼꼼함이 돋보이게 하는 매력적인 이미지를 남긴다.

일 처리를 효율적으로 하는 습관

　이것저것 할 일이 많은데, 어떤 일부터 해야 할지 몰라 우왕좌왕하는 사람들이 많이 있다. 그래서 어떤 사람은 가장 쉬운 일부터 하고, 어떤 사람은 가장 하기 싫은 일부터 해치우는 경우도 있다.

　그러나 이것은 모두 잘못된 방법이다. 일을 처리할 때는 먼저 어떻게 하면 그 일을 가장 효율적으로 처리할 수 있을까를 생각해야 한다.

　그 첫 번째 방법은, 어떤 일이 가장 중요한 일인가를 파악해, 그 일을 가장 먼저 하는 것이다. 이것을 일의 우선순위라고 하는데, 일의 중요도에 따라 순서를 정해 놓고 처리하라는 말이다.

　우선순위를 정하지 않고 일을 하면, 정작 빨리 해결해야 할 일은 나중에까지 처리를 못해 재촉받기 쉽고, 점점 더 그 일을 처리할 수 있는 시간이 부족해진다. 그래서 정작 중요한 일을 처리하지 못했다는 중압감에 시달리게 된다.

예컨대 전화를 한다거나 복사를 한다거나 하는 다른 잡무부터 손을 대게 되면 정작 중요한 일은 뒤로 밀리게 되어 있다.

그러므로 아무 때라도 할 수 있는 일은 뒤로 미뤄 두자. 덜 중요한 일에 시간을 낭비해서는 안 된다. 우선 가장 중요한 일에 집중하는 것이 최고의 능률을 올리는 비결이다.

두 번째는 가장 일이 잘되는 시간대를 택해 중요한 일을 수행하는 것이다.

사람의 두뇌 활동이 가장 왕성한 때는 오전 10시와 오후 3시라고 한다. 그러나 이것은 생리학자들의 연구 결과이므로, 모두에게 똑같이 적용되는 것은 아닐 것이다.

오전이든 오후든 자신에게 가장 편안하고 효율적인 시간이 있을 것이다. 그것은 자기 자신이 가장 잘 알고 있다. 그때에 가장 중요한 일을 하라는 말이다. 그때야말로 당신의 능력이 최고조에 달하는 시간이므로, 일을 수행하는 속도도 여느 때보다 훨씬 빠를 것이다.

예컨대 일이 잘되는 1시부터 3시까지 집중하고 그 후에는 잠시 휴식을 취하는 식이다. 만일 무리하게 집중 시간을 연장시키는 경우, 두뇌가 피로해져 능률의 저하만 초래하게 됨을 기억하라.

상대를 칭찬하는 습관

《칭찬은 고래도 춤추게 한다》는 책 제목이 선풍적인 유행이 된 적이 있다.

칭찬은 한마디로 어른 아이 할 것 없이 누구에게나 기분을 좋게 하고 의욕을 북돋워 주는 훌륭한 영양제임에 틀림없다.

인간의 행위에 관해 중요한 법칙이 한 가지 있다. 이 법칙에 따르기만 한다면 분쟁은 피할 수 있고, 친구는 자꾸 많아질 것이며, 행복 또한 스스로 찾아온다.

그러나 이 법칙을 깨뜨리면 곧 끝없는 분쟁에 휘말려 버리고 만다. 이 법칙이란 다름 아닌, 상대방을 칭찬하라는 것이다.

인간은 누구나 다른 사람들에게서 인정받기를 원한다. 자기의 진가를 인정받고 싶어 하고, 자기가 소중한 존재라고 느끼고 싶어 한다.

속이 빤히 들여다보이는 아첨일지라도 칭찬의 말은 어쩐지 기분이 나쁘지 않다. 아무리 마셔도 배부르지 않는 공기와 같이 칭찬은 아무리 들어도 질리지 않는 것 같다.

칭찬의 말은 들으면 들을수록 힘이 나고, 용기가 솟아오르며, 진취적인 기상이 불타오른다. 이것이 바로 칭찬의 위력이다.

행동 과학자들은 사람이라면 누구나 다른 사람이 자신의 가치를 인정하고 자신이 해 놓은 일에 대해 칭찬해 줄 때 더욱 분발하고 조직을 위해 적극적으로 행동하게 된다고 말한다.

아무리 무능한 사람일지라도 매일같이 칭찬의 말을 듣는다면 점차 능력이 향상될 것이다. 만일 이 말이 믿어지지 않는다면 오늘부터라도 당신 주변 사람을 대상으로 실험해 보는 것도 좋으리라.

한 소년이 런던의 직물 가게에서 일하고 있었다. 아침 5시에 일어나 밤늦게까지 청소며 잔심부름을 하는 등 하루에 14시간씩이나 일했다. 소년은 이러한 중노동이 견딜 수 없이 고생스러웠지만, 그런대로 2년간을 참았다. 그러나 도저히 더 이상은 참을 수가 없었다.

어느 날 아침, 소년은 밥도 먹지 않은 채 가게를 빠져나가 가정부로 일하고 있는 어머니를 만나러 15마일이나 되는 먼 길을 달려갔다.

그러고는 그 가게에서 일하느니 차라리 죽어 버리는 편이 낫겠다고 어머니에게 호소했다. 그리고 모교의 교장 선생님께 자기의 딱한 처지를 호소하는 장문의 편지를 썼다. 다행히 교장 선생님으로부터 곧 답장이 왔다.

교장 선생님은 소년의 두뇌가 명석하니 중노동보다는 지적인 일에 적합할 것이라며 그에게 학교에서 일할 수 있는 기회를 주었다. 이 칭찬 한마디가 소년의 장래를 바꾸었다. 그리하여 영문학 사상 불멸의 공적을 남긴 소설가 허버트 조지 웰스가 탄생했다.

흔히 개를 훈련시킬 때, 개가 말을 잘 들으면 쓰다듬어 주고 맛있는 먹이를 준다. 누구나 다 알고 있는 이 원리를 왜 사람에게는 응용하지 않는 것일까. 왜 채찍 대신에 당근을, 비판 대신 칭찬을 해 주지 않는 것일까. 조금만 잘한 일이 있어도 진심으로 칭찬해 주면 칭찬을 받은 사람은 더욱 분발하게 된다는 원리를 깨닫지 못해서일 것이다.

약 백 년 전, 열 살가량의 소년이 나폴리의 어떤 공장에서 일하고 있었다. 그 소년은 성악가가 되고 싶어 했다. 그러나 맨 처음 만난 선생이 다음과 같이 핀잔을 주는 바람에 그는 심한 좌절감에 빠지고 만다.

"너에게 노래는 맞지 않아! 마치 덧문이 바람에 덜컹거리는 것 같은 목소리야."

소년의 어머니는 어린 아들을 껴안고 따뜻하게 격려해 주었다.

"너는 꼭 훌륭한 성악가가 될 거야. 엄마는 그것을 알 수 있어! 너는 점점 노래 솜씨가 나아지고 있지 않니? 이것이 너에게 자질이 있다는 훌륭한 증거야."

지적과 비난보다는 끝없는 칭찬과 격려야말로 사람의 마음을 자극해 더 잘하고 싶어지는 욕망의 원동력이 된다는 것을 그 어머니는 알고 있었던 것일까. 그녀는 몸이 부서지도록 일해 아들의 음악 공부를 뒷바라지했다.

이런 어머니의 칭찬과 격려 그리고 헌신으로 소년의 생애는 천천히 바뀌어 갔다. 이 소년이 바로 이탈리아의 유명한 오페라 가수 카루소였다.

"나는 결코 남을 비난하지 않습니다. 일을 마음에 들도록 잘 처리했을 때는 마음껏 칭찬해 줍니다. 누구나 잔소리를 들으며 일하는 것보다는 칭찬을 들으며 일하는 것을 훨씬 즐거워할 뿐만 아니라 일하려는 의욕도 생기는 법입니다."

미국의 강철왕 앤드류 카네기의 든든한 오른팔로, 사람을 잘 다루는 명인으로 소문났던 찰스 슈와프의 말이다. 실제로 그는 부하 직원에게 진심에서 우러나오는 칭찬을 해 업무 처리 능력을 100% 발휘시켰다.

남을 칭찬하는 것도 노력을 해야 한다. 꾸준히 일상 속에서 훈련을 하다 보면 진심 어린 칭찬에 익숙한 사람이 될 것이다. 칭찬은 마법의 지팡이라고 일컬어진다. 이 마법의 지팡이야말로 사람을 움직이게 하는 가장 기본적인 원리다.

변명을 늘어놓지 않는 습관

어떤 일이 잘못되었을 때나 문제가 되었을 때 구구절절 변명을 늘어놓는 사람이 있는데, 그런 태도는 빨리 고쳐야 할 나쁜 습관이다. 변명은 그 순간에는 먹힐지 모른다. 그러나 변명은 어디까지나 그 순간을 모면하기 위한 트릭에 불과한 것임을 알아야 한다.

이런 자세야말로 당신을 매력 없는 사람으로 전락시키는 결정적인 요인이 된다. 변명을 듣는 사람은 '이 사람은 믿을 수 없는 사람이군. 다시는 거래를 하지 말아야지. 두 번 다시 일을 맡기나 봐라.' 하고 생각할 것이다.

성미가 급한 사람은 아예 대놓고 "그래서 어쨌다는 거야! 변명만 늘어놓으면 결과는 어떻게 되는 거지? 결과를 말해 보지." 하고 화를 낼 것이다.

결국 당신의 체면만 망가지고, 당신에 대한 평가는 완전하게 실추될 것이 뻔하다. 이로써 한 번 잃은 신뢰는 두 번 다시 회복하기 힘들어진다.

변명하는 습관은 이렇게 당신을 소극적이고 나약한 사람으로 전락시킨다. 그러므로 아무리 좋지 않은 일이라도 우선 당당하게 결론을 이야기하고, 그렇게 될 수밖에 없었던 내막을 차분히 이야기한다면 상대방은 당신을 이해하게 될 것이다.

"실은 그런 게 아니라…"라든가 "다만 내 입장에서는…" 하고 서두에서 망설이며 변명부터 내놓는다면 당신에 대한 이미지는 완전히 실추되고 마는 것이다.

변명은 공적인 일에 있어서도 나쁜 습관이지만, 개인적으로 만나는 사람들 사이에서도 매우 좋지 않은 결과를 낳는 태도다.

당신이 스스로에게 약속한 어떤 일을 진행하다가 실패를 했을 경우에도 스스로를 합리화시킬 목적으로 '그래, 이번 일은 아무개 때문에 어쩔 수 없이 망가졌어.' 하고 남의 탓으로 돌리는 일 역시 변명의 하나다.

잘되면 자기 탓이고, 잘못되면 조상 탓이라는 속담도 있듯이, 잘못되는 부분에 대해서는 자신의 잘못을 인정하지 못하는 사람이 많다.

그러나 이런 습관은 당신을 스스로 나약한 사람으로 전락시켜, 자신의 잘못이 무엇인지를 알지 못하고 똑같은 잘못을 반복하게 한다.

그러므로 변명은 언제나 나쁜 것임을 기억해야 한다. 타인에 대해서든, 자신에 대해서든 일단 잘못을 한 다음에는 반드시 '내 탓이야.' 하고 과감히 인정한 후에 새로운 각오를 다지고 나아가는 자세가 필요하다.

문제점을 기록하는 습관

성공과 행복을 위해 목표를 세우고 계획을 짰다 해도, 매일같이 쫓기듯 살다 보면 눈앞의 작은 일에 매여서 본래의 목표를 벗어나는 경우가 많다.

그럴 때마다 누군가 곁에서 '지금 그런 것에 신경 쓸 때가 아니잖아.' 라고 충고해 주든가, 자기 자신이 문제점을 깨닫고 빨리 방향을 바꾸면 좋겠지만, 현실은 또 그렇게 만만치가 않다.

앞서 말했듯 일상생활에서 어떤 문제점이 생기거나 진행이 막혔을 때, 도무지 그 해결책이 보이지 않아 방황할 때가 있다.

이럴 때는 우선 문제점이 무엇인지를 구체적으로 파악해 보는 것이 중요하다. 사실 문제점이 무엇인지 확실하게 알기만 하면 대응책을 찾는 것은 그리 어렵지 않을지도 모른다.

그런데 막상 문제점을 생각해 보자면 이것저것 머릿속에 수많은 상념들이 뒤엉켜, 그저 한숨만 내쉬고 맥없이 시간만 허비하는 경우가 많다.

이때, 문제점을 명확히 드러내는 한 가지 방법이 있다. 바로 종이에 적는 것이다. 생각나는 문제점을 하나도 빠뜨리지 말고 차근차근 번호를 매겨 적어 보라. 그 다음, 총체적으로 그 내용들을 검토해 보면 비로소 머릿속에 엉켜 있던 문제점이 분명하게 눈앞에 드러나게 된다.

오랜 세월 동안 참선을 해온 스님조차도 좌선을 할 때 여러 가지 잡념이 머릿속에 떠오를 때는 그 자리에서 종이를 펴고 메모를 한다고 한다. 그 자리에서 적어 버리면 다시는 같은 잡념에 시달리지 않는다는 것이다.

이런 식으로 종이에 문제점을 기록한다는 것은 매우 큰 의의가 있다. 자신의 문제를 객관적으로 바라보고, 솔직하게 문제를 인정하면서 하나하나 적어 내려갈 때, 전혀 예상 못한 해결책이 떠오르게 되는 것이다.

문제가 생길 때마다 이렇게 적어 보는 습관을 들이면 계속해서 골머리를 썩는 시간을 낭비하지 않아도 되고, 혼란스런 머리를 시원스럽게 정리할 수가 있다.

지금 당신에게 골치 아픈 문제가 있다면 당장 그것이 무엇인지 생각나는 대로 적어 보라. 그러면 신기하게도 문제점은 물론 해결책까지 분명하게 보이는 것을 경험할 것이다.

  그런데 이때 주의할 점이 있다. 한 대뇌 생리학자는, "인간의 기억
이란 어설프게 해답을 얻으면 그것이 올바른 해답이라고 착각한다.
그러고는 그 문제를 깨끗이 망각해 버리고 만다."라고 했다. 대충 급
하게 기록해 버리면 오히려 일을 그르칠 수도 있다. 그러니 시간을
들여 신중하게 문제점을 밝혀야 한다.

입장을 바꿔 생각하는 습관

미국의 자동차왕 헨리 포드는 자신의 성공 비결에 관해 다음과 같이 말한 바 있다.

"내가 거둔 성공에 비결이라는 것이 있다면 그것은 남의 입장을 이해하고, 자기의 입장과 동시에 남의 입장에서도 사물을 볼 줄 아는 능력일 것이다."

또 미국의 대통령 존 F. 케네디는 다음과 같은 유명한 말을 남겼다.

"당신에게 국가가 무엇을 해 줄 것인가를 기대하지 말고, 국가를 위해 당신이 무엇을 할 수 있는가를 생각하라."

예수의 가르침 가운데 "남이 너에게 베풀어 주기를 원하는 대로 남에게 베풀라."는 말과도 상통하는 말이다.

평소 상대방의 입장이 되어 생각해 보는 습관은 대단히 중요하다.

그 중요성을 잘 알려 주는 한 이야기가 있다.

유명한 시인인 에머슨이 자신의 아들과 함께 외양간에 송아지 한 마리를 넣으려 했다. 그런데 그들은 흔히 누구나 범하는 잘못을 저지르고 있었다. 바로 자기들이 원하는 것만을 생각한 것이다. 아들은 송아지를 앞에서 잡아끌고, 아버지는 뒤에서 밀었다.

송아지는 당연히 네 다리를 뻗고 꼼짝도 하지 않았다. 이때 보다 못한 하녀가 거들려고 쫓아왔다.

그녀는 먼저 송아지가 무엇을 원하고 있는가를 알아내려 했다. 그녀는 자기의 손가락을 송아지 입에 물리고, 그것을 빨게 하면서 송아지를 달랬다. 그러는 사이 송아지는 외양간 안에 들어갈 수 있었다.

인간의 모든 행동은 마음속의 욕구로부터 생겨난다. 따라서 사람을 움직이는 최선의 방법은 먼저 상대방의 마음속에 강한 욕구를 불러일으키는 것이다.

직장이나 가정 또는 학교나 정치 무대에서 무릇 사람을 움직이려고 하는 자는 이 사실을 명확히 인식해야 한다.

상대방과 입장을 바꿔 생각할 수 있는 사람은 만인의 지지를 얻는 데 성공할 것이며, 그렇지 못한 사람은 한 사람의 지지도 얻지 못할 것이다.

오늘도 수많은 세일즈맨들이 제대로 수입을 올리지 못하고 실망한 채 피곤한 몸을 이끌고 거리를 헤맨다.

세일즈맨들이 성공하지 못하는 원인은 자신이 원하는 것밖에 생각할 줄 모르기 때문이다. 소비자가 사고 싶은 물건이 무엇인지는 고려하지 못하고, 자신의 상품을 억지로 알리려고 하는 자세가 문제다.

그런데 고객 입장에서는, 자신에게 도움이 되고 필요하다는 것을 증명해 주는 물건이라면 굳이 사라는 말을 하지 않아도 자진해서 사게 된다.

그러므로 세일즈맨이라면 상대방과 입장을 바꿔 생각해야 한다. 이 물건이 왜 저 사람에게 필요한가, 나라면 이 물건을 구매하겠는가 하는 점들을 충분히 고려한 후, 상대방을 설득시키는 것이 세일즈의 원칙이다.

"만일 내가 상대방이라면 어떻게 느끼고 어떻게 반응할 것인가?" 라고 늘 자문자답해 보는 자세가 필요하다.

인간관계 능력의 최대 관건은 상대방의 입장에서 생각할 줄 아느냐다. 이것은 모든 문제점을 해결해 주는 최고의 기술이 될 것이다.

한 발 앞을
내다보는 습관

베테랑 수비수는 배트가 공에 닿는 순간, '저 공은 어디쯤 떨어질 것이다.'라고 예측을 하고 공의 낙하지점까지 달려간다. 그리고 그 공이 떨어지기 전에 받을 수 있는 만반의 태세를 갖춘다.

사회생활이나 인생사에서도 이러한 마음가짐과 예측이 필요하다.

자기의 일상사를 정확히 이해하고 항상 앞을 보고 있으면 대개 한 발 앞의 일을 알 수 있게 된다. 특별한 추리력이나 직감이 필요한 것은 아니다.

가령 상사가 매달의 매출 표를 보여 달라고 한다면 당연히 달마다 매출이 어떻게 변동했는지 보고 싶은 것이라고 추측할 수 있다. 이것은 자기 업무를 충실히 이행하고 있는 사람이라면 충분히 가능한 일이다.

아무리 뛰어난 수비수라 하더라도 처음부터 뛰어난 직감력과 추리력을 가질 수는 없는 일이다. 항상 공의 행방을 예상하려고 하는 마음가짐으로 연습하는 과정에서 그런 능력들이 저절로 익혀지는 것이다.

늘 지금 하고 있는 일의 한 발 앞을 보려고 마음먹고 있으면 자연히 예측이 몸에 배게 된다. 그런데 그렇게 되려면 '다음에는 무엇을 해야 할 것인가?' 하는 것도 항상 염두에 두고 있어야 한다. 그것은 일에 대한 진지한 자세이며, 마음가짐의 문제다.

처음부터 잘되지는 않겠지만 그래도 그렇게 예측을 계속하다 보면, 점점 자기가 하는 일에 더욱 매력을 느끼고 정신을 집중할 수 있게 된다.

그렇게 되면 일에 대한 자기의 태도가 변하게 된다. 수동적으로 일하는 것이 아니라 자발적이고 능동적으로 일을 꾸려나갈 수 있게 된다. 일 처리가 원활해지고, 능률이 오르기 시작하는 것도 이때부터다. 언제나 한 발 앞을 내다보고 있으면 저절로 생각하는 방식과 요령을 터득하게 된다.

선배나 상사의 일하는 태도를 관찰하는 것도 도움이 된다.

회사의 일이란 대개 단계적으로 나아가게 된다. 지위와 권한이 커짐에 따라 선배나 상사가 하고 있는 일을 자기가 하지 않으면 안 될 때가 반드시 오게 마련이다.

잘 돌아가고 있는 회사에서는 평사원이 계장의 일을, 계장은 과장의 일을, 과장은 부장의 일을, 부장은 임원의 일을 하고 있다. 모두가 한 단계 전진해 있는 것이다. 그리고 사장은 차분하게 5년 앞, 10년 앞의 일을 생각한다.

이런 회사의 장래는 밝다. 지금 당장의 토대가 튼튼한데다 5년 앞, 10년 앞의 방책이 마련되어 있기 때문이다.

앞을 보고, 앞을 읽고, 한 발 앞서 가는 사람은 그만큼 빨리 성장한다. 자기가 성장하고 있기 때문에 그만큼 자기가 맡게 될 일도 커지게 마련이다.

또한 보다 큰일을 감당하고 지배할 수 있는 능력이 있기 때문에 일에 쫓길 염려가 없다.

한 발 앞을 내다보고 일을 하면 어떠한 일에나 주인이 될 수 있다.

스트레스를 관리하는 습관

스트레스는 우리의 몸과 마음을 강력하게 지배한다. 아무리 다른 사람에게 웃음과 여유를 보이려 해도 스트레스가 있는 상태에서는 도저히 그렇게 하기가 불가능하다.

우리나라에서 많이 사용되는 외래어 중 1위가 '스트레스'라는 단어라고 한다. 그래서인지 우리나라 직장인들의 직무 스트레스는 세계 1위다. 또한 우리나라 국민들이 느끼는 일에 대한 흥미와 만족도는 세계 꼴찌로 조사되었다.

우리나라 국민의 4대 사망 원인인 암, 뇌혈관 질환, 심혈관 질환, 자살 등을 일으키는 요인의 70%도 역시 스트레스 때문이다.

선진국에서는 스트레스 때문에 GNP에 10%의 손실이 나기도 한다는 보고도 있다. 게다가 스트레스 때문에 무기력해지고 주의가 산만해 집중력이 떨어지니, 산업재해, 불만, 불량품, 의료비도 30%나 증가했다고 한다.

사람은 보통 하루에 5만 가지의 생각을 하는데 그중 96%가 쓸데없는 생각이고, 75%가 부정적인 생각이라고 한다. 또 사람은 누구나 하루 평균 4번씩 거짓말을 한다고 한다. 그 과정에서도 불필요한 스트레스를 받는다.

현대인은 매일같이 스트레스를 받으며 살아간다고 해도 과언이 아니다. 어쩌면 스트레스를 받는 것이 아예 당연시되고 있는 실정이기도 하다.

사회생활을 하다 보면 나를 괴롭고 지치게 만드는 일들이 기분 좋은 일보다 그 반대의 일들이 훨씬 더 많이 일어난다. 무수한 사건과 감정이 얽히는 치열한 경쟁 속에서 시달리다 보면 아무리 긍정적으로 살아가던 사람이라도 어쩔 수 없이 각종 스트레스에 노출되게 마련이다.

'이 일은 반드시 오늘 마쳐야 해.' '올해는 꼭 승진해야 해.' '이번엔 꼭 누구를 이겨야지!' '내년에는 꼭 집을 마련해야지.' 등의 계획이나 목표, 또는 어떤 대상을 두고서 결심하는 모든 생각들은 알게 모르게 우리의 정신과 육체에 스트레스를 준다.

스트레스는 단순히 외부에서 주어지는 것이 아니라, 자신과 환경의 상호작용에 의해 생겨난다. 스트레스를 얼마나 받느냐, 또는 얼마나 잘 극복해 가느냐에 따라 현대인의 성공과 행복이 달려 있다고 해도 과언이 아니다.

그래서 오늘날 현대인들에게는 스트레스를 받으면서도 끈기 있게 자신의 목표를 수행하기 위해 사고와 감정을 조절하는 정신력 강화 기술이 절실히 필요하다.

스트레스 관리법의 첫 번째는 '비워야 한다.' 이다.

욕심과 부정으로 가득한 몸과 마음의 독소를 비워야 한다. 작가들은 도시에서 글이 써지지 않는다고 시골로 내려가곤 한다. 자연 속에서 몸과 마음을 정화해 창작의 에너지를 얻는 것이다.

두 번째는 '즐겨야 한다.' 이다.

금세기 최고의 경영자로 칭송받고 있는 잭 웰치는 재임 기간 20년 동안 회사의 브랜드 가치를 60배나 올리고 나서 '자신의 성공 비결은 즐겁게 일하고, 즐겁게 논 것'이라고 말했다.

스트레스 받는 상황을 정 피할 수 없다면 즐겨라. 그것이 당신의 건강을 위해 좋은 일이다. 그리고 그렇게 하는 것이 오히려 당신의 실적을 올려 준다.

세 번째는 '다르게 미쳐야 한다.' 이다.

2009년 최고의 경영자로 선정된 애플 사의 스티브 잡스는 자신의 성공 비결은 '다르게 생각했다.' 였다고 강조한다. 즉 남과 다르게 창조적인 사고를 했다는 것, 즉 고정관념을 깼다는 사실에 주목해야 한다. 창조적인 사고를 위해서는 기존의 사고의 틀을 깰 수 있는 용기가 필요하다.

스타크래프트를 창안한 빌 로퍼는 '창조는 미침이다.' 라고 했는데, 자기가 하는 일에 즐겁게 몰입하는 사람들, 고정관념을 잘 깨고 자기 일에 철저히 미친 사람들은 스트레스에 빠질 시간도 없고, 설령 스트레스가 온다 해도 잘 극복하고야 만다. 즐겁게 일에 몰입하면 스트레스를 잊고 산다. 2008년 세계 최고의 부자가 된 워런 버핏은 "열정에 따르라."고 했다. 즉 열심히 정성을 다해 자기가 하는 일에 미치고 몰입하라는 것이다. 대부분의 스트레스는 마음에서 비롯된다. 남보다 앞서야 하고 인정받아야 한다는 욕심이 최대 원인이다.

《개미》의 작가 베르나르 베르베르는 "가장 똑똑한 뇌는 현재 만족하고 있는 뇌"라고 한다. 과욕을 부리지 않고 현실을 직시하며 최선을 다하는 자세로 사는 것이 스트레스 관리에 최선의 방법이다. 스트레스는 분명히 극복되며 치료의 대상이 아니라 관리의 대상이다.

당신이 스트레스를 쌓고 싶다면 이렇게 하라.

1 절대로 운동하지 않는다.

2 배부르게 먹는다.

3 커피, 담배, 카페인이 든 음료수 등 흥분제를 많이 섭취한다.

4 명상, 산책, 등산, 취미 생활을 전혀 하지 않는다.

5 이웃, 직장 동료와 관계를 단절한다.

6 유머와 웃음을 즐기지 않는다.

7 모든 것을 혼자 해결하려고 한다.

8 야근을 즐기며 일중독자가 된다.

9 불규칙한 생활을 한다.

10 완벽주의자가 된다.

그러나 스트레스는 얼마든지 스스로 해소해 나갈 수 있는 것임을 기억하고, 평소 다음 사항을 잘 지켜 나간다면 당신은 스트레스로부터 충분히 벗어날 수 있다.

첫째, 현재 닥친 문제가 무엇인지 파악한다.

내가 전전긍긍하고 있는 문제가 무엇인지를 먼저 정확히 알아내야 한다. 자기 자신과 정면으로 이야기를 나누어 보면 좋다. 무엇이 나를 괴롭히고, 무엇 때문에 두려운가를 자신에게 물어보라.

둘째, 한 가지 문제에 언제까지나 매달리지 않는다.

어떤 문제에 대해 풀릴 때까지 매달리는 것은 커다란 스트레스 요인이 된다. 문제가 잘 풀리지 않을 때는 차라리 멀찌감치 그 문제를 바라보는 여유를 가지는 것이 더 낫다.

셋째, 적극적으로 대응한다.

어떤 문제에 부닥쳤을 때 방 안에 틀어박혀 있는다면 해결되지 않는다. 과감히 밖으로 뛰어나가 세상 속에서 해결하는 정신이 필요하다.

넷째, 가끔은 혼자 있는다.

매일 북적이는 사람들 틈에서 생활하지만, 가끔은 혼자 조용히 명상하는 시간을 가져야 한다. 자기 자신에 대한 반성, 문제점, 해결책, 앞으로의 계획 등을 마련할 좋은 기회다.

다섯째, 빨리 결정을 내린다.

설령 잘못된 결정이라 해도, 결정을 내리지 않고 유보하는 쪽보다 낫다. 이럴까 저럴까 망설이는 시간을 최소화하라는 뜻이다. 잘못은 바로잡을 수 있지만, 우유부단함은 사람을 긴장시켜 끝내 몸과 마음을 지치게 만들 수도 있기 때문이다.

여섯째, 완벽주의자가 되지 말라.

어떤 일을 하더라도 완벽하게 해야만 직성이 풀리는 사람이 있다. 정신 의학적으로 완벽주의자들은 가장 스트레스를 많이 받는 사람으로 알려져 있으니 주의하라. 90%만 충족해도 성공이라고 생각하는 여유가 중요하다.

일곱째, 타인에게 베풀어라.

당신이 다른 사람에게 도움이 되고 그들을 위해 무언가를 한다면 자기 자신의 일에 번민하는 시간은 줄어든다. 당신도 당신이 알지 못하는 사이에 다른 사람의 도움을 받으며 살고 있다. 틈만 나면 타인을 위해 베풀어야 한다.

여덟째, 유연성을 가져라.

누구나 자신의 역할이 있다. 공적인 역할이든 사적인 역할이든 자신에게 주어진 역할에 완벽하려다 보면, 스트레스를 받게 된다. 책임을 다하되, 지나치게 일에 얽매이면 곤란하다.

아홉째, 한 번에 한 가지 일만 한다.

가장 중요한 일의 순서를 정해서 우선순위대로 일을 진행해 나가는 것이 좋다. 해야 할 일을 모두 걱정한다면 긴장은 자연히 따를 수밖에 없다.

열째, 규범에 어긋난 일을 하지 않는다.

어딘지 꺼림칙한 일을 하면 죄책감을 느끼게 된다. 죄책감이야말로 커다란 스트레스 요인이 된다.

열한째, 타협하라.

지나치게 원리 원칙에 매여 사는 사람은 피곤하다. 특히 인간관계에서는 적당한 선에서 타협하는 것이 현명하다.

열두째, 지나친 경쟁을 하지 않는다.

현대사회는 경쟁으로 꽉 차 있다고 해도 과언이 아니다. 하지만 지나친 경쟁심에 사로잡힌다면 온몸은 긴장 상태를 벗어날 수가 없다.

열세째, 환경을 바꿔 본다.

정신적으로 긴장이 해소되지 않는다고 느끼면, 일하거나 쉬는 장소를 바꿔 보는 것이 좋다. 여행을 떠나거나, 집 안의 분위기를 바꾸는 것도 한 방법이다.

열네째, 수다 떨 상대를 만들라.

의사들은 수다도 치료의 한 방법이라고 한다. 사소한 일까지 털어놓고 이야기할 상대가 있다면, 스트레스가 쌓이는 일은 없을 것이다.

열다섯째, 충분한 수면을 취한다.

충분한 수면은 만병통치약이다. 몸과 마음을 이완시키고, 새로운 힘을 불어넣어 주는 명약이다.

열여섯째, 화가 날 때는 화를 내라.

화가 날 때 화를 참으면 병이 된다. 자신의 마음에 솔직해져서, 화가 날 때는 화를 내는 것이 좋다. 다만 이것은 어디까지나 문제 해결을 위한 화이지, 습관적인 화풀이를 의미하는 것은 아니다.

열일곱째, '예스'와 '노'를 분명히 한다.

마음이 약한 사람은 내키지 않는 일을 승낙해 놓고 밤새도록 뒤척인다. 이런 일은 엄청난 스트레스를 유발하므로, 평소 좋고 싫은 일을 분명히 말하는 습관을 들이도록 해야 한다.

열여덟째, 남을 원망하지 않는다.

남을 원망하고 있을 때는 무언가 일이 잘되지 않을 때다. 하지만 살면서 문제의 대부분은 나의 잘못에서 비롯됨을 알아야 한다. '내 탓이오.'를 생각하며 자신의 문제를 바로잡도록 노력한다.

열아홉째, 불평불만의 원인을 분석한다.

작든 크든 불평불만이 없을 수는 없다. 중요한 것은 그것을 방치하지 말아야 한다는 것이다. 왜, 무엇 때문에 불평하게 되었나를 분석해야 한다. 원인을 알면 해결은 쉽다.

스무째, 현실적이 되라.

현실적으로 필요한 일이 무엇이고, 그 일을 하려면 무엇이 어떻게 필요한지를 정확하게 파악해야 내가 무엇을 해야 할지가 정해진다.
구체적인 판단은 스트레스를 줄여 준다.

04

호감 넘치는 매력 이미지 만드는 법

C O O L & S K I L L

미소는 상대방의 마음을 열게 한다

　배심원 제도를 연구하고 있는 미국의 유명한 형법학자는 이런 말을 했다.

　"같은 조건이라면 피고가 여자일 때가 남자인 경우보다 무죄 판결을 받을 확률이 30% 더 높습니다. 여자이면서 미인일 경우에는 그 확률이 60%로 껑충 뛰어오릅니다."

　배심원들이 인간적이기 때문일까. 지극히 존엄하고 공정해야 할 법정에서까지 인간적인 호감이 작용하고 있다는 증거다.

　우리 속담에는 '웃는 얼굴에 침 못 뱉는다.' 라는 말이 있다. 아무리 화가 나 있어도 상대방이 웃으면서 말을 하는데, 그 얼굴에 침을 뱉을 수가 있겠는가.

　웃는 얼굴이야말로 백만百萬의 원군援軍과 같은 것이다. 억지웃음이 아니라면 누구나 웃는 얼굴을 하고 있는 사람을 좋아한다. 찡그리고 화난 얼굴이 좋다고 할 사람이 과연 있겠는가.

따스한 미소, 밝은 얼굴이라면 아무리 굳은 상대방의 마음이라도 부드럽게 녹이고 끌어당기는 마력이 있다. 당신 자신이 명랑하고 낙천적이라면 상대방에게도 즐거움을 줄 수가 있다.

당신이 누군가에게 미소를 지어 보이면 당신의 기분도 좋아진다. 그리고 그 미소는 메아리처럼 돌려받게 된다. 비록 상대방이 미소로 답하지 않아도 미소를 지을 수 있는 나 자신의 여유로움 때문에 기분이 좋을 것이다.

세상에서 가장 가난한 사람은 미소가 없는 사람이라는 말이 있다. 어떤 상황에서나 부드러운 미소를 띨 수 있는 사람에게는 인생의 행운이 절로 찾아온다.

그렇다면 항상 미소를 띠는 사람은 어떤 사람일까.

첫째, 사람들의 호감을 사는 성격을 지닌 사람.
둘째, 겸허한 마음가짐을 지닌 사람.
셋째, 솔직하고 선량한 기질을 가진 사람.
넷째, 사람들에 대해 따뜻한 마음을 지닌 사람.

그렇다면 이와 반대되는 사람들에게서는 미소나 명랑한 얼굴을 기대할 수가 없을 것이다. 악의를 숨기고 있는 성격은 가장 나쁘다. 오만한 자세, 사람을 업신여기는 태도, 완고함, 냉혹함 등은 모두 여기서 생겨나기 때문이다.

'남자는 배짱, 여자는 애교'라는 말이 있는데, 요즘은 여자뿐만 아니라 남자들도 애교가 있어야 한다. 사람을 좋아하고, 그릇이 큰 사람들은 언제나 따스한 미소를 잃지 않고 명랑하고 밝은 목소리로 말한다. 남자인데도 애교 만점인 것이다.

옛날에는 무관이나 관리들은 잘 웃지 않았다. 항상 사람들 위에 군림해야 한다는 의식으로 가득 차 있었으며, 웃는 얼굴은 위엄을 손상시킨다고 생각했기 때문이다.

그러나 요즘은 사회적 인식이 달라졌다.

환하게 주변을 비추듯, 밝은 사람은 다른 사람과의 인간관계가 원만하다. 이러한 사람들은 앞서 말한 네 가지의 특징을 모두 갖추고 있는 경우가 많다. 그 장점이 사방으로 퍼져서 상대방의 마음까지 밝고 따스하게 해 주는 것이다.

빛을 가리는 어둠은 없다. 어둠은 미소를 띤 사람이 내는 빛 때문에 사라져 버리기 때문이다. 미소는 '나는 당신에게 호감을 갖고 있습니다.' 라는 표시임을 잊지 말아야 한다.

인사를 소홀히 해서는 안 된다

　　어느 회사의 총무과에 젊고 부지런한 사원 A 씨가 있었다. 입사한 지 4년 된 그는 업무에서도 이미 베테랑이었다.

　　특히 A 씨가 돋보이는 점은 '인사성'으로, 누구를 막론하고 만나는 사람마다 "안녕하십니까?" 또는 "안녕!"이라고 인사했다. 사내에서 그의 별명은 '안녕 맨'이었다. 그는 입사한 이래 줄곧 그래 왔던 것이다.

　　"간담회 간사로 누가 좋을까?"

　　하고 질문을 받으면 A 씨는 바로 대답한다.

　　"그것은 생산부의 B 씨나 관리부의 C 씨가 좋을 것 같습니다."

　　그는 다른 사람들이 놀랄 정도로 동료들의 이름을 잘 알고 있었다. 그 이유는 A 씨의 일상에 있었다.

그의 '인사성'이 상대방의 기분을 좋게 만들고, 사람들에게 이야기하기 쉬운 사람 내지는 사귀고 싶어지는 사람이라는 호감을 갖게 만들었던 것이다.

그래서 문제가 있거나 상담할 일이 생기면 모두 A 씨를 찾았다. 그는 적극적으로 상대방의 이야기를 듣고 문제 해결을 위해 노력을 아끼지 않을 뿐 아니라, 다른 동료와도 의견을 교환하곤 했다.

그러나 자기만의 영역을 만들어 거기에 칩거하는 사람은 A 씨처럼 '안녕하십니까?' 하고 먼저 말을 걸어도 대꾸하지 않는다. 인사를 하면 마지못해 고개를 숙이거나 못 본 체하며, 아예 돌부처처럼 무표정한 사람도 있다. 이런 사람들은 하나같이 마음에 높은 벽을 쌓고 있다.

이런 사람들과 함께 어떤 일을 진행하기란 보통 어려운 일이 아니다. 곤란한 일이 생겼을 경우에는 은근슬쩍 쏙 빠져 버리기 때문이다. 그런 사람에 대한 평가가 좋을 리 없다.

직장도 하나의 전장이다. 크고 작은 사건들이 끊임없이 일어나고 매 순간 승리자와 패배자가 생긴다. 그런데 A 씨는 평소에 동료와 자진해서 이야기를 나누고, 개인적인 친분을 쌓는 일도 게을리하지 않았다. 다른 사람보다 커뮤니케이션의 기회가 많으므로 사람들이 A 씨의 생각을 이해하고 공감하는 것은 당연한 일이다. 다들 그가 원하면 두말없이 협조할 준비가 되어 있는 것이다.

만나는 사람마다 내 쪽에서 먼저 인사를 건네고, 먼저 악수를 청하며 얼굴에 밝은 미소를 띠고 다가간다면 당신을 피하려는 사람은 없을 것이다. 그 다음에 자연스러운 일상의 안부를 물으면 금상첨화다.

좀 어렵더라도, 혹은 자존심이 상하더라도 내 쪽에서 먼저 "안녕하십니까?" 하고 인사를 건네면, 상대방도 반드시 친숙하게 답례를 하게 되어 있다. 인사야말로 양쪽이 주고받는 것이기 때문이다.

그러므로 만일 내 쪽에서 먼저 인사를 했는데 저쪽에서 받아 주지 않는다면 그 사람은 무언가 나에게 적대감을 갖고 있다는 신호로 알면 된다.

서양에서는 길을 걷다가 낯선 사람과 눈이 마주치면 "하이!" 하면서 손을 흔들며 인사를 나눈다. 이에 비해 우리나라 사람들은 엘리베이터에 단둘이만 타게 되어도 서로 외면한 채 서 있을 뿐 목례조차 하는 법이 드물다.

우리나라 사람들은 먼저 인사를 건네는 것을 매우 쑥스러워하는 습성이 있다. 다른 사람에게 고개를 숙이는 일이 어쩐지 쑥스러워서 잘되지 않는다고 토로하는 사람이 있는데, 이런 사람은 다음과 같은 훈련을 해야 한다.

우선 전신을 비춰 볼 수 있는 커다란 거울 앞에 선다. 그런 다음 빙그레 미소 지으며 깊이 고개를 숙여 인사를 해 본다. 얼굴을 들었을 때에도 물론 미소를 지은 상태를 유지한다. 그리고 이런 동작을 하는 자신을 거울을 통해 지켜보며, 과연 그 모습이 아름다운지, 호감을 주는지를 관찰하라.

이번에는 반대로 미소를 짓지 말고 심술 난 얼굴을 하고 고개를 숙여 본다. 무성의하게 그저 고개만 까딱하는 느낌으로 인사를 하는 자신의 모습을 보라.

과연 이 두 가지 모습 가운데 당신이라면 어떤 모습에 점수를 주겠는가? 아무리 뛰어난 재능을 지닌 사람일지라도 그 사람의 말과 행동에 예의가 없다면 누구도 그 사람을 좋아하지 않을 것이다.

인사는 마음을 열고 상대에게 다가가게 해 주고, 인간관계를 부드럽게 만들어 주는 윤활유 역할을 한다.

그러므로 항상 미소 짓는 얼굴로 고개 숙여 인사함으로써 사람들의 호감을 얻도록 노력하라.

인사에는 크게 세 가지 방법이 있다.

가벼운 목례의 경우, 말없이 약 15도 정도로 상반신을 구부려서 한다.

보통례는 상반신을 30도 정도 숙여서 한다.

이 두 인사법이 일상적으로 쓰이는 인사법이다.

45도를 구부리는 정중례는 깊이 존경하는 상대에게 하는 인사법으로, 정중하게 사과할 때나 감사를 표할 때 쓰인다.

특별한 인상을 심어 주어라

어떠한 일을 하는 데 있어서 특별한 인상을 준다는 것은 성공의 절대 조건이다. 왜냐하면 강렬한 인상이 상대방의 마음을 움직이기 때문이다.

브라질 태생의 유명한 영화배우 모리스 슈발리에의 평상시 모습은 매우 무뚝뚝했다. 그러나 그런 그가 미소를 짓기만 하면, 그때까지의 인상과는 완전히 달라졌다.

만일 그에게 그렇게 매력적이고 기막힌 미소가 없었더라면, 그는 아마도 파리의 뒷골목에서 가업을 이어 가구 직공으로 살아갔을 것이다.

어떤 회사의 A 사장은 B 회사의 일을 따내고 싶었다. A 사장은 B 회사의 구매과장 P씨에 관한 자료들을 모으기 시작했다. 그 결과 P

씨는 지극히 성실한 사람으로, 그 회사에 근무한 지 20년, 나이 45세, 가끔 친구들과 어울려 한잔하는 것 외에는 별다른 취미 생활을 하지 않는다는 것 정도를 알아냈다. 그리고 회사 사보에 실린 사진을 보고 그의 얼굴을 눈에 익혔다.

다음 날, A 사장은 무작정 그 회사를 찾아갔다.

"구매과장님 아니십니까?"

A 사장이 큰 소리로 알은체를 하자, P 씨가 놀라 발길을 멈추었다.

"A 회사를 맡고 있는 사람입니다."

A 사장은 인사를 하면서 급하게 명함을 꺼냈다. P 씨는 난처한 기색을 보이면서 머뭇거렸다.

"죄송합니다만, 바쁜 일이 좀 있어서….."

"알고 있습니다. 딱 5분만 시간을 주십시오."

어쩔 수 없이 P 씨는 명함을 받아 들었는데 이 명함이 좀 이상했다. 명함 아래 한쪽 구석에 조그맣게 회사 이름, 그리고 주소와 전화번호만 인쇄되어 있을 뿐 직함이 없었다.

그런데 명함 뒤쪽을 본 P 씨가 얼굴에 웃음을 가득 띠며 말했다.

"참 특이한 명함이네요!"

"네. 유럽에 갔을 때에 여성을 사로잡는 데 성공한 기념사진입니다."

명함 뒤쪽에는 A 사장이 유럽 여성과 마주앉아 두 손으로 상대방의 유방을 받쳐 들고 있고 두 사람 모두 빙긋이 웃는 사진이 인쇄되어 있었다.

"명함에 이런 사진을 인쇄하다니, 기발한 발상이군요."

"네. 제 이름을 빨리 기억해 주시라는 뜻에서…."

"한 번 만나 뵈면 잊어버릴 수 없겠는데요."

"고맙습니다. 그러나 여자 다루는 솜씨가 서툴러서…."

처음 만난 P 과장은 A 사장을 재미있는 사람으로 기억하면서 그에 대한 경계심을 풀게 된 것이다.

"알겠습니다. 생각해 보죠. 곧 윗분과 상의해서 연락해 드리도록 하겠습니다."

이 얼마나 독특한 발상인가. 상대방에게 어떻게든 특별한 인상을 심어 주었다면 인간관계는 훨씬 부드러워진다.

센스 있는
사람이 돼라

한 대기업의 창립 50주년 기념식이 오후 5시부터 개최될 예정이었다. 4시 30분이 되면서 각계의 유명 인사들이 몰려들기 시작했다.

비서실에 근무하고 있는 K 양은 다른 동료들과 함께 연회장 입구에서 안내를 맡아보고 있었다. 그녀와 동료들은 손님들의 이름을 방명록에 기록하고, 가슴에 꽃을 달아 주느라 바빴다.

연회가 시작되기 바로 직전, 한 노신사가 숨을 몰아쉬면서 뛰어 들어왔다. K 양은 그 손님이 방명록에 이름을 기재하는 것을 보고, 그가 중요한 거래처의 회장이라는 사실을 알았다. 그 손님은 축사를 해 주기로 예정되어 있는 귀한 손님이었다.

그녀가 가슴에 꽃을 달아 주면서 보니 그 손님의 넥타이가 심하게 구겨져 있었다. 그래서 그녀는 나지막한 소리로 말을 걸었다.

"회장님, 죄송합니다만, 잠깐 저쪽으로 가시겠습니까."

그녀는 그 손님을 다른 사람들이 눈치채지 않도록 사람들이 없는 곳으로 모신 다음 조심스럽게 말을 꺼냈다.

"회장님, 넥타이를 바꿔 매지 않으시겠습니까? 아주 좋은 것이 준비되어 있지는 않습니다만, 필요하시다면 지금 가져오도록 하겠습니다."

그 손님은 거울을 보고 자신의 넥타이가 심하게 구겨져 있는 것을 알아챘다. 그는 넥타이를 부탁했고, 산뜻한 넥타이로 바꿔 매고는 서둘러 연회장 안으로 사라졌다.

며칠 뒤 K 양의 회사 회장 앞으로 편지 한 통과 함께 성의가 담긴 선물이 전달되었다.

"그 안내를 맡았던 직원에게 뭐라 감사해야 할지 모르겠습니다. 요즘 집사람이 몸이 안 좋아서 실수를 했던 것 같습니다. 그 직원이 나에게 친절하게 마음을 써 주지 않았더라면 나의 의상이 연회의 분위기를 망쳤을지도 모릅니다."

K 양의 현명하고 빠른 대처 덕분에 연회는 성공적으로 치러졌고, 중요한 손님의 기분도 상하지 않을 수 있었다.

이번에는 어떤 유통 회사 사장이 세상을 떠났을 때의 일이다. 여러 군데의 대형 제조 회사들이 앞을 다투며 화환을 보내서 고인의 명복을 빌었다. 수많은 화환의 리본에는 모두 회사명이 적혀 있었다. 그런데 오직 한 회사에서 사장의 이름이 적힌 화환을 보내왔다.

유족들은 화환을 보내온 회사 사장과 고인의 개인적인 친교를 추측할 수 있어서 매우 흐뭇해했다고 한다.

이런 것은 모두 자신의 인상을 좋게 남기는 센스 있는 행동이라고 할 수 있다.

허점도
매력이다

인간은 누구나 잘못되거나 모자란 점이 있다. 흠이 없는 사람이란 없다. 아무리 뛰어난 인물이라도 가까이 접해 보면 결점들이 다소 나타나기 마련이다.

어떤 결점들은 인간적인 면을 부각시켜 오히려 다른 사람에게 친근감을 준다. 사랑할 만한 결점 또는 허점의 매력이라고 할까.

사람이 지나치게 완전무결하면 가까이하기가 거북하다. 특히 면도날처럼 예민하고 차가워 보이는 사람은 경원시하게 된다. 그런 사람들은 아무리 업무적으로 수완이 좋고 성과가 뛰어나다고 해도, 긴 눈으로 볼 때 적이 많고 지지가 적은 것이 원인이 되어 실패하기도 한다.

그런데 이와 반대로 상대방의 빈틈을 발견했을 때, 사람들은 안심

한다. 그리고 자기가 좀 낫다는 생각에 우쭐한 기분이 된다. 그리고 상대방의 결점을 감싸 주고 싶은 마음이 우러난다.

술을 마시면 가장 먼저 녹초가 되어 부하 직원이 집까지 부축해 주어야 하는 리더에게 부하 직원은 오히려 친밀감을 느낄 수도 있다. 항상 무섭게 호령만 하던 상사의 흐트러진 모습이 귀엽기까지 한 것이다.

또 기분이 좋으면 마음의 문을 열고 명랑해져서 노래를 부르거나 춤을 추는 사람을 볼 때, 그 노래나 춤이 서툴면 서툴수록 그 사람에게 무엇이라고 표현하기 어려운 인간적인 호감을 갖게 된다.

여성이 많은 어느 직장에서 볼링 대회를 열었다.

새로 부임한, 무서워 보이기만 하는 과장이 볼을 던졌다. 그런데 그가 던진 볼이 엉뚱한 곳으로 날아가 버리자 모두가 배를 잡고 웃었다.

그러나 그 후 그 과장에 대해 여성 직원들이 부쩍 친근감을 보였다고 한다.

올바른 악수의 방법

　　처음 만나는 사람이나 매일 만나는 사람이나 악수를 청해서 불편해하는 사람은 거의 없다. 물론 이성간이라면 다른 뜻으로 받아들일 수도 있지만, 동성끼리 거리낌 없이 손을 내밀어 악수를 청하는 것은 상대방에게 거리를 두지 않는다는 친밀함의 표시가 된다.

　　악수나 포옹은 보디랭귀지의 전형인 촉각적인 자기표현의 하나다. 악수는 본래 무기를 가지고 있지 않다는 것을 보여 주기 위해 두 손을 드는 제스처가 변형된 것이라고 하는데, 현대사회에서 악수는 환영하는 마음을 나타낸다.

　　악수를 하는 방법은 나라에 따라 다르다. 프랑스 사람은 방에 들어갈 때와 나올 때 악수한다. 독일 사람은 악수한 손을 한 번 흔든다. 아프리카에서는 악수한 다음 자유를 나타내기 위해 서로 상대의 손을 가볍게 치기도 한다고 한다.

예전에는 여성들끼리는 악수 대신 가벼운 눈인사로 자기소개를 하는 것이 대부분이었지만, 여성들 사이에서도 상대방의 손을 자기 손으로 감싸듯이 잡고, 따뜻한 표정으로 서로의 마음을 전하는 것이 자연스럽다.

친한 사이에는 오른손으로 악수하면서 왼손으로 상대의 손을 감싸듯이 잡는다. 오랜만에 만났을 때나 특별한 우정을 나타내려 할 때에도 이 방법이 좋다.

오른손으로 악수하면서 왼손으로는 상대의 어깨를 붙잡는 경우도 있다. 이것은 친한 사이라면 상관없겠지만, 잘 알지 못하는 사람이나 윗사람에게는 거만하고 건방지게 보이기 때문에 실례가 된다.

악수할 때 먼저 손을 내미는 것은 윗사람이다. 서로 지위의 차가 없는 남녀의 경우에는, 여성이 먼저 손을 내미는 것이 예의다.

상대방이 손을 내밀었는데 응하지 않는 것은 적의의 표현으로 받아들여질 수 있다. 손을 내밀었다가 무안을 당한 사람은 그 모멸감을 잊지 못할 것이다.

악수를 할 때는 똑바른 자세로, 상대의 눈을 부드럽게 응시하면서 오른손을 내민다.

손을 먼저 내민 쪽이 먼저 쥔다. 가볍게 쥘 것인가, 강하게 쥘 것인가는 상황이나 상대의 기분을 고려해서 결정한다.

자기의 남성다움을 과시하려는 듯 우악스럽게 상대방의 손을 잡고 흔들어 대는 사람이 있는데, 이런 태도는 실례가 된다. 이성과 악수할 때는 가볍게 살짝 쥐는 것이 예의다.

악수의 정확한 방법을 요약해 보면 이렇다.

1 웃어른이 먼저 청해야 아랫사람이 악수할 수 있다.
2 남녀 간의 악수도 상하의 구별이 있을 때는 윗사람이 먼저 청해야 한다.
3 또래의 남녀 간에는 여자가 먼저 청해야 한다.
4 동성 간 또래의 악수도 연장자가 먼저 청해야 한다.
5 아랫사람은 악수를 하면서 허리를 약간 굽혀 예의를 표하는 것이 좋다.
6 악수를 하면서 왼손으로 상대의 손등을 덮어 쥐는 것은 좋지 않다.
7 네 손가락은 가지런히 펴고 엄지는 벌려서 상대방의 오른손을 살며시 쥐었다가 놓는다.
8 아주 가까운 사이에는 가볍게 아래위로 몇 번 흔들어 정을 두텁게 하기도 한다.
9 악수를 하면서 상대의 눈을 보지 않고 딴전을 피우는 것은 좋지 않다.
10 악수를 했다고 해서 절이 생략되는 것은 아니다.

매력을 풍기는
제스처

    첫 만남에서 상대방을 판단하는 데 걸리는 시간은 3초에 불과하다고 한다. 당신의 마음을 나타내 주는 보디랭귀지는 당신이 하는 말보다 더 큰 소리로 말하는 것이다.

    치열한 경쟁에서 이기기 위해 실력을 갖추는 것은 무척 중요하지만 그 실력이 남들에게 호의적으로 받아들여지도록 해야 실력을 온전히 평가받을 수 있다. 이럴 때 좋은 이미지를 주는 제스처가 결정적인 역할을 하게 되는 것이다.

    제스처는 언어가 분화되지 못했던 시대에 말만으로는 표현하기 어려운 자기 의사를 보충해 표현하기 위해서 자연적으로 생겨난 것이라고 한다.

    그러나 모든 신체적 동작을 제스처라고 생각하는 것은 옳지 않다.

제스처란 말을 보충하기 위한 의식적인 동작이다. 무의식적으로 같은 동작을 되풀이하는 것은 단순한 버릇일 뿐이다.

제스처는 말할 때만 사용하는 것이 아니다. 넓은 의미에서 생활 태도 자체가 자신을 나타내는 제스처라고 생각할 수도 있다.

사업에서는 심리적으로 우위를 차지하는 것이 중요하기 때문에 먼저 손을 내미는 사람이 유리하다. 거기에 미소와 고개를 끄덕이는 행동을 곁들이면 좋다.

어떤 유명 강사는 강의할 때, 손을 주머니에 넣고 이야기하거나 때로는 테이블에 걸터앉기도 한다. 그 사람의 말에 의하면 그런 태도는 외국인의 영향을 받은 것으로, 수강생들에게 친근감을 갖게 하고 경계심을 없애는 데 효과적이라고 한다.

분명히 그렇게 받아들이는 사람도 있을 것이다. 그러나 동양적인 사고방식에서 본다면 그 사람은 무척 거만하고 무례한 사람이다.

손을 주머니에 넣고 이야기하는 것은 별로 좋은 인상을 주지 못한다. 이 같은 행동은 자만심이 강해 다른 사람을 깔보거나, 자기보다 나은 사람은 없다고 생각하는 사람에게서 흔히 볼 수 있다.

카페나 사무실 소파 등에 앉아 있을 때, 다리를 꼬고 앉는 사람들이 많다. 이것 또한 서양의 관점에서라면 이상할 것이 없지만, 우리의 정서로는 윗사람 앞이라면 건방지고 오만하게 보인다.

더욱이 상대방이 맞은편에서 몸을 앞으로 굽히고 수동적인 자세로 앉아 있는데, 다리를 꼬아서 발끝을 상대의 얼굴 가까이에 두는 것은 실로 무례하기 짝이 없는 행동이다.

두 손을 뒤로 돌려 마주 잡고 상체를 꼿꼿이 세우는 자세는 권위를 나타내는 제스처로, 군인에게서 많이 볼 수 있다.

상대방이 입고 있는 웃옷 단추를 만지작거리며 말하는 제스처는 그 사람과 친근하다는 의미다.

로댕의 〈생각하는 사람〉처럼 턱을 받치고 굽혀 한곳을 응시하고 있는 것은 무엇인가를 열심히 생각하고 있는, 평가의 자세다. 그 자세에서 몸을 조금만 앞으로 내밀게 되면 비판하는 제스처가 된다.

서서 발언할 때, 탁자를 잡고 있는 두 손에 힘을 주고, 머리를 내밀고 있는 것은 강력한 의지의 표현이다.

이렇게 다양한 제스처를 잘 사용하면 이야기를 훨씬 효과적으로 전달할 수 있다. 자연스런 제스처는 많이 사용할수록 좋다. 그래서 말하는 내용을 이해받고 싶어 할 때는 누구나 자기도 모르게 조금씩이라도 몸짓이 나오게 마련이다.

제스처는 상대방에게 잘 보이도록 하는 것이 효과적이다. 여러 사람 앞에서 하나, 둘이라고 손가락을 굽혀 셀 때는 정확히 볼 수 있도록 손바닥이 사람들 쪽을 향해야 한다.

당신은 윈스턴 처칠의 승리의 V 자 제스처를 기억하고 있으리라. 상대방에게 보이도록 하는 '핑거 액션finger action'은 강력한 호소력을 가지는 것이다.

우리나라 사람들은 대체로 보디랭귀지에 서툴다. 그러나 입만 놀리는 것이 아니라, 손이나 몸을 사용하거나 몸 전체로 표현하는 편이 말에 입체감과 활기를 주고, 듣는 사람에게 즐거움을 느끼게 한다. 정적인 이야기가 살아 움직이는, 활기찬 이야기로 변화하기 때문이다.

슬라이드 사진보다 영화에 흥미를 느끼게 되는 이치와 같이, 인간은 정적인 것보다 동적인 것에 주의를 기울이는 성질을 지니고 있는 것이다.

따라서 보디랭귀지를 잘 사용하기 위해서는 평소에 예민한 관찰력과 감수성을 기르지 않으면 안 된다.

미국에서 클럽의 호스티스들에게 다음과 같은 조사를 했다.

'당신은 담배를 피울 때, 어느 손을 사용하는가?'

그러자 "여성이 담배를 피울 때 왼손을 사용하면 매력적으로 보여요. 오른손으로 담배를 피우면 동작이 조잡하게 보입니다. 그래서 저는 왼손으로 담배를 피워요."라는 대답이 대부분이었다고 한다.

야위고 키가 큰 남성이라면 될 수 있는 한 두 팔을 활짝 벌리는 제스처가 좋다. "정말 오랜만입니다!" 하고 두 팔을 벌리면서 다가오면 훨씬 더 부피감이 있어 보이기 때문이다.

몸집이 크고 당당한 체격이라면 손을 아래로 내미는 듯 다가서 보라. 훨씬 상대방에게는 말쑥해 보인다.

입만으로 말하는 것보다는 표정을 풍부하게 하고, 손가락을 사용해 섬세한 감정을 표현하며, 몸 전체를 사용해 강약이 있게 동작도 표현하는 것이 훨씬 상대방에게 설득력이 있다.

제스처를 취할 때는 자신의 체격이나 이미지 등을 생각해서 자기에게 걸맞은 효과적인 연출을 생각해야 한다.

전화 예절

지금으로부터 2년 전 경남 남해군청에 특강을 가게 되었을 때 일이다.

특강 3일 전, 신분을 밝히지 않고 서울에서 남해 가는 교통편을 남해군청에 전화로 물어보았다. 그런데 전화를 받은 공무원이 친절하게도 비행기 편, 버스 편 등을 자세하게 시간까지 알려 주었다.

전화 통화에 얽힌 참으로 기분 좋은 경험이었다.

사업을 하든 인간관계를 하든 전화 예절이 참 중요하다.

전화를 할 때 소리를 지르거나 그냥 뚝 끊어 버리면 스스로 무례한 사람이라는 것을 광고하는 셈이 된다.

우리나라의 개인 휴대 전화 보유율은 90%를 넘었다고 한다. 전화는 우리 생활의 가장 깊숙한 곳으로 들어와 있는 것이다. 그런데 우리는 정작 전화 예절의 중요성은 의식하지 못하는 경향이 있다.

상대방의 얼굴이 보이지 않고, 목소리만으로 대면하는 것이기 때문에 많은 사람들이 전화 응대에 무책임하고 소홀히 하는 경향이 있는 것도 사실이다.

그러나 전화 통화는 그 자체가 업무이며, 인간관계를 돈독히 하는 수단이 될 수 있다는 점에서 반드시 예절을 지키는 자세가 필요하다.

전화 통화를 할 때 용건은 되도록 간단하고 명확하게 끝낸다.

상대가 윗사람이거나 여성인 경우, 상대가 먼저 전화를 끊는 것을 확인한 다음 전화를 끊는 것이 에티켓이다.

만일 전해 달라는 내용이 있을 경우 육하원칙에 따라 적어 놓았다가 본인에게 직접 전해 주는 것이 좋다.

여기서 전화 응대의 예를 잠깐 들어 보자.

"○○ 백화점입니까? 미안합니다만, ○○ 씨 좀 부탁합니다. 글쎄, 부서는 잊어버렸는데…. 아! 사무실이 5층이었습니다만."

"우리 백화점 직원이 수백 명인데, 부서도 모르면서 어떻게 찾겠어요!"

전화 교환원이 이렇게 말하고 전화를 끊어 버렸다면, 그 백화점에 가고 싶은 생각은 다시 들지 않을 것이다.

"죄송합니다만, 귀사 제품인 ○○의 복용 방법을 좀 알려 주세요."

"네, 설명서에 있습니다만, 제가 설명을 드리자면 그 정제는 정도에 따라 하루 세 알에서 여섯 알까지 복용하시면 됩니다. 고객의 증세가 어떠신지요? 네, 그렇습니까? 그러면 하루 서너 알을 2, 3회에 나누어 식후 30분에 복용하세요. 애용해 주셔서 고맙습니다."

이렇게 응대를 받는다면 약을 먹기도 전에 효과가 있을 것 같다는 생각이 들 뿐만 아니라, 다음에도 그 회사의 제품을 사게 될 것이다. 사소한 일이 상대에게 감명을 줄 수도 있음을 기억하라.

또 이런 전화 응대는 어떤가.

"귀사의 대리점에 물건을 사러 가려고 하는데요."

"아, 그러십니까? 저희 대리점은 양재역에 있습니다. 지하철역 1번 출구에서 나와 왼쪽으로 5미터쯤 가면 찾으실 수 있을 겁니다. 네, 전화 감사드립니다."

위의 두 가지 사례와 같이 전화를 받는 사람은 누구보다도 회사를 사랑하고, 일에 대한 열의를 갖고 있는 사람일 것이다. 고객을 귀하게 생각하는 마음이 고스란히 전해진다.

고객이나 사외 사람들은 전화를 받은 사람이 남성이든 여성이든, 높은 사람이든 낮은 사람이든 관계없이 통화할 때의 말을 듣고, 그 회사의 사풍과 그 사람의 인간성을 추측하게 된다.

전화 한 통화로 만들어진 이미지가 좋으면 좋은 대로, 나쁘면 나쁜 대로 전화 건 사람은 그 회사에 대한 선입관을 가진다는 사실을 언제나 명심해야 한다.

여러 상황의
에티켓

미국 컬럼비아 대학에서 성공한 기업의 CEO를 대상으로 '당신이 성공하는 데 가장 큰 영향을 준 요인은 무엇인가?' 라고 질문한 결과, 93%가 '매너'를 꼽았다고 한다. 능력, 기회, 운運 등은 그 다음이었다.

프랑스에서는 매너를 '삶을 멋지고 성공적으로 영위하게 하는 방법'이라고 정의한다. 여러 상황에서 매너, 곧 올바른 에티켓을 지키는 것은 매력적인 이미지를 만드는 데 결정적인 역할을 하므로, 잘 연습해 두면 큰 효과를 거둘 수 있다.

1) 자동차에 탈 때

차를 탈 때에는 윗사람이나 여성이 먼저 타고, 내릴 때에는 아랫사람이나 남성이 먼저 내려 윗사람이나 여성이 안전하게 내릴 수 있도록 차 문을 열어 주는 것이 에티켓이다.

차에 올라탈 때는 대개 머리부터 차 안으로 들이밀고 타는 경우가 많은데, 이것은 잘못된 경우이다. 밖에서 먼저 좌석에 앉은 다음 양다리를 붙여 가지런히 차 속으로 몸을 들여놓는 것이 올바른 승차법이다.

또 내릴 때에는 좌석에 앉은 채 다리를 모아 차 밖으로 내놓은 다음 좌석에서 일어나야 한다.

자동차의 상석上席도 알아두어야 한다. 운전기사가 있을 때에는 운전석 대각선의 자리, 즉 뒷자리의 우측 창가 쪽이 상석이며, 좌측 창가가 제2석, 조수석이 말석이 된다.

차 주인이 직접 운전할 경우에는 조수석이 상석이며, 뒷자리의 우측이 제2석, 좌측이 말석이다.

또 기차나 비행기의 경우, 양쪽 창가의 앞을 향한 좌석이 상석이다.

2) 에스컬레이터나 엘리베이터를 오르내릴 때

에스컬레이터의 경우, 올라갈 때는 윗사람이나 여성이 먼저 타고, 내려갈 때에는 아랫사람이나 남성이 먼저 타고 내린다.

엘리베이터는 먼저 탔던 사람들이 내리고 나면 윗사람과 여성이 먼저 타고, 내릴 때에도 먼저 내린다. 승강기 안에서는 정문 앞을 향했을 때 왼쪽 뒤 구석이 상석이며, 오른쪽 뒤 구석이 제2석이다. 여기서도 윗사람이나 여성을 상석에 자리하게 하는 것이 에티켓이다.

3) 의자에 앉고 서는 에티켓

의자에 앉을 때는 왼쪽으로 들어가 앉는 것이 에티켓이다. 여자는 발끝과 무릎을 꼭 붙이고, 남자는 11자 모양으로 무릎 사이를 약간 떼고 앉는 것이 올바른 예법이다.

여성이나 남성 모두 다리를 꼬아서 앉는 것이 예절이라고 착각하는 사람들이 많은데, 이것은 예의에 어긋난다.

그리고 낮은 소파 같은 데 앉을 때에는 다리를 꼬아 앉지 말고 가지런히 11자 모양으로 한 다음 약간 비스듬히 기울이는 것이 좋다.

남성들은 대개 다리를 벌리고 앉는 것이 보편화되어 있지만, 이것 역시 잘못된 방법으로, 가능하면 다리를 붙이고 앉아야 한다.

소파의 경우 1인용이 상석이고 주인석이며, 긴 의자가 손님용이다. 보통 손님을 우대한답시고 1인용을 내주는 경우가 있는데, 이것 역시 잘못된 경우다. 그렇게 되면 그야말로 주객이 전도되는 상황이 되는 것이니 주의하는 것이 좋다.

기본적으로 남성과 여성의 의자에 앉는 예절은 조금 다르다.

남성의 경우

의자로부터 반보 정도 앞에 선 다음, 바지를 약간 들어 올리며 단번에 자연스럽게 앉는데 등받이에 등을 붙이지 않으면서 깊숙이 앉는다.

양손은 가볍게 주먹을 쥐고 허벅지 위에 나란히 올려놓으며, 양발은 11자 형태로 어깨 넓이 정도로 자연스럽게 벌린다.

턱은 약간 당기는 듯 곧게 한 다음, 시선을 정면으로 향한다.

일어설 때는 양쪽 발에 힘을 주어 무릎의 반동으로 한 번에 일어서며, 양손을 바지 옆선에 대며 곧은 자세를 취한다.

여성의 경우

의자 왼쪽으로 들어가 반보 앞에 선 다음, 역시 등받이에 등을 붙이지 않은 채 깊숙이 앉는다.

양발을 11자 형태로 하여 한쪽 발을 반보 정도 뒤로 빼며 앉으며, 치마를 입은 경우 뒤에서 살짝 치마를 쓸어내리는 것도 좋다.

바로 뒤로 내딛은 발을 앞으로 가지런히 모은다.

일어설 때는 다시 한 발을 뒤로 놓고 무릎의 힘으로 단번에 일어선다.

4) 식사 에티켓

분위기 있는 식당에 가서 식사를 하거나 초대를 받은 곳에서 식사를 할 때는 특히 식사 에티켓을 잘 지켜야 한다. 주문을 할 때는 초대받은 사람이 먼저 주문하고, 주인이나 초대자는 나중에 주문한다.

가방을 들고 들어가서 식탁 위에 올려놓는 것은 절대 금물이다. 식탁 아래쪽에 두어야 한다.

술을 마시지 않는다는 표시를 하려고 유리잔을 엎어 놓거나 웨이터가 술을 따르려 할 때 손으로 술잔을 가리는 것도 잘못된 에티켓이다. 이런 때는 집게손가락을 들어 가볍게 흔들어 주면 사양한다는 표시가 된다.

또 술을 따라 줄 때 술잔을 들어 올리는 경우가 많은데, 굳이 그러지 않아도 된다. 그냥 식탁 위에 놓은 채 따르도록 한다.

식사를 할 때 소리를 내지 않는 것은 당연하며, 양념 통이 필요하다고 해서 직접 일어나거나 팔을 뻗어 가져오는 것은 안 된다. 그냥 옆 사람에게 말없이 청하면 된다.

요리가 나오면 맛도 보지 않은 채 먼저 간부터 하는 사람이 있는데, 이것은 실례다. 정중하고 가볍게 맛을 먼저 본 후 부족한 간을 하는 것이 예절이다.

통째로 나온 생선 요리는 먼저 머리와 꼬리를 떼어낸 다음, 나이프로 위쪽 살을 발라 먹은 후 뼈를 뽑아내고 아래쪽 살을 먹는다. 생선을 뒤집거나 후벼 파면서 먹는 것은 큰 실례다.

식탁에 물이나 술을 엎지른 경우 당황한 나머지 얼른 냅킨으로 닦아 내는데, 역시 잘못된 방법이다. 이 경우 침착하게 웨이터를 불러 처리하는 것이 에티켓이다.

식사 중 포크나 냅킨이 바닥에 떨어졌을 때는 발로 떨어진 것을 테이블 아래로 옮겨놓은 다음 웨이터를 불러 새것을 요청한다. 이런 경우 상체를 구부려 사람들의 시야에서 사라진다면 큰 실례다.

양식당의 경우, 디저트에 들어가기 전에 손가락을 씻도록 해 주는 '핑거 볼'이 나오는데, 이때는 한 손씩 손가락 끝만 살짝 씻는다.

식탁에서의 화제는 의견이 대립될 수 있는 정치적 사안이나 종교적 문제는 되도록 피해야 한다. 즐겁게 음식을 먹으면서 날씨나 여행, 레저나 문화 등의 가벼운 화제를 택하는 것이 좋다.

마지막으로 식사가 끝나자마자 이를 쑤시거나 담배를 피우는 것도 실례이며, 트림을 한다면 그야말로 대실수다. 또 여성이 즉시 입술 화장을 고치는 것도 예절에 어긋나는 모습이다.

05

성공을 앞당기는 매력 포인트

C O O L & S K I L L

고민할 시간에
행동하라

고민할 시간에 행동해야 한다.

70%의 성공 가능성이 있으면 나머지 30%는 설령 잘 모를지라도 일단 감행해 보는 것이 낫다는 원리가 있다.

실시 과정에서 처음 예상되었던 30%의 마이너스도 해소될 가능성이 있고, 처음에는 생각지도 못했던 엉뚱한 행운이 찾아올 수도 있다.

무엇이든 해 보면 길은 열리는 법이다. 수영을 배우려고 물속으로 뛰어드는 행동력이야말로 수영을 잘하게 되는 성과를 낳는 씨앗이 된다.

이유가 많은 사람일수록 행동력이 부족하다. 아무것도 생각하지 않고 바로 행동으로 옮기는 돌진형도 곤란하지만, 그래도 이유만 따지는 사람보다는 낫다.

"해 보지도 않고 실패만을 두려워하는 사람은 바보이거나 비겁한 사람이다."

철도왕 제임스 힐의 말이다.

세상을 살아가다 보면 어떤 일을 해야 할 것인가 말 것인가를 놓고 망설이거나, 두 갈래 길에서 어느 쪽으로 가야 할지를 고민해야 하는 경우가 종종 생긴다.

아무리 생각해도 결론이 나지 않는 어려운 경우에는 어떻게 해야 할까? 양쪽 길로 모두 가 보고 싶을 때는 어떻게 해야 할까?

프랑스의 유명 디자이너 피에르 가르뎅이 고등학교를 졸업하고 양복점에서 근무할 때 제2차 세계대전이 시작되었다.

그는 프랑스가 독일에 점령당하자 적십자사에 징용되었다가, 프랑스가 해방된 후 풀려났다. 그는 그 무렵 계속 샐러리맨 생활을 할 것인가, 아니면 디자이너가 될 것인가를 결정하기 위해 많은 고민을 했다.

그는 일단 파리로 갔다. 파리에 도착했을 때, 그의 주머니에는 두 장의 종이가 들어 있었다. 하나는 파리 적십자사 앞으로 된 전근 사령장이었고, 또 하나는 디자이너인 월드너에게 그를 소개하는 소개장이었다.

그는 파리에 도착해서도 결정을 내리지 못하고 파리 거리를 방황했다. 그러다 결국 동전을 꺼내 공중을 향해 던졌다.

"앞면이 나오면 월드너, 뒷면이 나오면 적십자로 가자."

동전은 앞면이 나왔고, 그는 월드너에게 가기로 결단을 내렸다. 그의 나이 스물두 살 때의 일이었다.

그는 월드너 점포에서 디올의 점포를 거쳐 27세에 독립을 했다. 디올이 죽자 디올의 거래처였던 섬유 회사 사장이 그를 디올 사의 후계자로 추천했다.

그는 다시 한 번 고민에 싸였다. 세계 유행을 주도하는 디올 사의 후계자가 된다는 것은 자신의 미래가 보장되는 것이기 때문이었다. 피에르 가르뎅은 고민 끝에 연필을 꺼냈다.

'오른쪽으로 넘어지면 디올 사, 왼쪽이면 독립.'

연필은 왼쪽으로 쓰러졌고, 그는 디올 사를 포기하고 독립을 결정했다.

피에르 가르뎅의 경우를 보면 인생을 결정짓는 중요한 일을 가볍게 처리한 것처럼 보이기는 하지만, 아무리 고민해도 이성적 결단이 어려울 때 선택할 수 있는 방법이기는 했다. 어쩌면 그 상황에서는 그것밖에 달리 방법이 없었을지도 모른다.

중요한 것은 결단을 내린 다음의 행동이다. 어떤 방법을 동원했든지 간에 스스로 내린 결단을 후회하면 실행 에너지가 위축되고, 번민이 생기기 때문에 아무런 성과도 얻을 수 없다.

그러므로 결단을 내렸으면 그것을 실행에 옮기는 자세가 중요하다.

세상에는 다양한 능력을 갖고 있는 사람이 많다. 그러나 아무리 능력을 갖추었다 해도 행동력이 뒤따르지 않으면 능력을 발휘하기 어렵다.

회사를 경영하든, 영업을 하든, 과학 기술을 연구하든, 회사에 근무하든, 그 어떤 직업을 막론하고 절대적으로 필요한 요소가 어떤 일을 실행하는 능력이다.

독특하고 기발한 아이디어를 아무리 많이 갖고 있다고 해도 실행하지 않으면 아무 소용이 없다. 어떤 아이디어든지 그것을 실행에 옮긴다면 성공이냐 실패냐를 떠나 일단 그 아이디어는 세상의 빛을 보게 된다.

현대 경쟁 사회에서 사람은 크게 성공하는 사람과 성공하지 못하는 사람으로 나뉜다.

보통 성공하는 사람은 적극적인 성향이 강해 '적극파'라고 불리고, 성공하지 못하는 사람은 소극적인 성향이 강해 '소극파'라고 불린다.

적극파에 속하는 사람들은 대부분 실천가적 기질이 강하다. 그들은 행동이 적극적이고, 어떤 일이든 끝까지 해내며, 아이디어를 내거나 계획을 세우면 반드시 실행에 옮기고야 만다.

반면, 소극파에 속하는 사람들은 실천력이 매우 부족하다. 구실이나 이유를 붙여 생각을 실행에 옮기지 않으며, 시간이 흘러도 어떤 일에 쉽게 착수하려 들지 않는다.

적극파와 소극파의 차이는 모든 행동에 그대로 나타난다. 적극파는 일에 대한 추진력이 강하고 책임감이 뛰어나므로 다른 사람들의 신뢰를 받기 쉽고, 안정적인 기분과 자신감이 강하다. 나아가 수입의 증가 등도 부가적으로 따라온다.

그러나 소극파는 행동하지 않고, 행동하고 싶다는 생각도 잘 들지 않는다. 그들은 모든 조건이 100% 완전하게 갖춰지지 않으면 행동하지 않기 때문에 일이 흐지부지되고 마는 것이다.

절대로 실수하지 않을 만큼 조건이 완벽하다는 것은 물론 바람직하다. 그러나 사람이 하는 일에 절대적으로 완전한 것이란 있을 수 없다. 따라서 완전한 조건이 갖춰질 때까지 기다린다는 것은 아무 일도 하지 않겠다는 것과 다름이 없다.

누구나 적극파가 되어 성공하는 사람이 되고 싶을 것이다. 그렇다면 행동력이 몸에 배도록 하면 된다!

사람들의 고민은 대부분 어떤 일을 시작했기 때문에 발생한 것이기보다는 '할 것인가, 말 것인가.'를 망설일 때 생긴다. 이런 경우에는 오래 생각하면 할수록 문제 해결에 도움이 되지 않는 경우가 많다.

최고의 성공자들을 살펴보면 일반인들과는 구별되는 특별함이 있다. 예컨대 록펠러는 경영상의 어려움으로 재정 위기에 몰려 있을 때 채권자가 빚을 독촉하러 오면 수표장을 꺼내 놓으며 물었다고 한다.

"현금이 좋으시겠습니까, 회사 주식이 좋으시겠습니까?"

그의 태도가 너무나 당당하고 확신에 차 있었기 때문에 대부분의 채권자들은 주식을 받아 가지고 돌아갔다고 한다. 록펠러는 이렇게 해서 절박한 상태를 극복하는 한편, 직원들로 하여금 최대한의 능력을 발휘할 수 있도록 독려했다.

사업에 성공하기 위해서는 무엇보다도 '확신에 찬 적극적이며 행동력 있는 태도'가 중요하며, 이는 리더의 위치에 있는 사람이라면 반드시 지녀야 할 필수 조건이다.

창조력으로 무형의
자산을 축적하라

      일본의 도요타 자동차 판매 회사가 냈던, 창의력이 돋보이는 아이디어에 얽힌 이야기를 하나 소개한다.

  1957년, 도요타는 자본금 1백만 달러로 미국에 도요타를 창립했는데 미국 현지 사정에 어두워 비참한 판매 실적을 내고 있었다. 그런데 연구를 거듭한 결과, 새로운 자동차 조립 방법이 고안되는 등 희망이 보이기 시작했다. 그러나 새로운 자동차가 판매되기 시작했을 때는 창립 당시 본사로부터 지원받은 자금을 거의 써 버려서 자금에 큰 문제가 생겼다. 고민에 빠진 도요타는 동물원의 구관조를 이용해 회사를 홍보하기로 결정했다.

  관람객이 없는 밤 시간을 이용해 도요타 직원이 몰래 구관조 우리를 몇 달 동안 들락거렸다. 그 결과, 구관조가 "도요타!"라는 말을 할 수 있게 되었다.

관람객이 붐비던 어느 날, 구관조가 "도요타!"라고 계속해서 떠들어 대기 시작했다. 구경꾼들은 느닷없는 소리에 놀랐지만 곧 재미있어하고, 이 소식은 나라 안을 온통 떠들썩하게 했다.

바야흐로 '도요타'가 화제의 초점이 되었다. 엉뚱하고 기발한 작전이 보기 좋게 성공을 거둔 것이다.

특이한 방법으로 훌라후프를 홍보해 전 세계를 상대로 많은 돈을 벌어들인 미국의 루이 마크스의 경우를 보자.

그는 일본에 훌라후프를 유행시키기 위해 미인 다섯 명을 뽑아 그들에게 훌라후프 돌리기 맹연습을 시킨 뒤, 각 신문사에 발표회 안내장을 발송했다.

'○월 ○일, 데이고쿠 호텔에서 희한한 신상품 발표회를 개최합니다. 아무쪼록 오셔서 관람해 주시기를 바랍니다.'

이 안내장은 사람들의 주의를 끌었고, 신문사들은 저마다 기자를 내보냈다.

드디어 발표회 날, 루이 마크스는 기자들에게 미녀들이 훌라후프를 돌리는 것을 직접 보여 주었다. 다음 날, 신문마다 사진과 함께 훌라후프를 소개하는 기사가 크게 실렸다. 그의 홍보 계획은 적중했던 것이다.

당시 일본에서 훌라후프가 아무리 신기한 상품이었다고 해도 독특한 안내장을 돌리지 않았다면 신문에 실리지 못했을지도 모른다. 똑같이 신문에 게재된다고 해도 기사와 광고의 차이는 엄청난 것이다. 이 기발한 발상에 의한 광고 효과를 광고료로 환산한다면 얼마쯤 될까. 루이 마크스는 비싼 광고료 없이 엄청난 광고를 해낸 것이다.

다른 사람과 똑같은 방법으로 일해서는 발전이나 출세를 바라볼 수 없다. 창조적으로 일하지 않는 한, 성공할 수 없다.

그렇다면 창조력을 높이고 아이디어를 잘 내려면 어떻게 해야 할까?

첫째, 항상 세상 모든 것에 문제의식을 갖고 머리를 활성화시킨다.

둘째, 새로운 생각을 효과적으로 끌어낼 수 있는 기술을 익힌다.

사실 창조력은 누군가에게 배운다거나 교육기관 같은 곳을 찾아가서 배울 수 있는 것이 아니다.

하지만 평소 일상생활 속에서 창조력을 높이는 습관을 익히다 보면 어느새 창조적인 사고방식이 몸에 밸 수 있다.

창조력을 발휘해 아이디어를 개발하고 이용하는 데 있어서 주의해야 할 것은 다음과 같다.

첫째, 당신에게도 창조력이 있다는 사실을 믿어라.

무엇인가를 할 수 있다고 믿는 것은 창조적으로 생각하는 길을 여는 첫걸음이다. 당신이 할 수 있다고 믿는다면 틀림없이 그것을 할 수 있는 방법을 발견할 수 있기 때문이다.

둘째, 아이디어가 새어나가지 못하도록 하라.

어떤 아이디어든지 생각나면 바로 메모를 해 놓아야 한다. 순간순간 떠오른 아이디어들은 그때그때 적어 놓지 않으면 흔적도 없이 사라져 버린다. 새롭게 떠오른 아이디어를 보관하는 데 있어서 기억력은 의지할 것이 못 된다. 언제라도 아이디어가 떠오르면 수첩 같은 것을 갖고 다니다가 곧바로 기록해 놓아야 한다.

셋째, 아이디어를 체계적으로 정리하라.

모아 놓은 아이디어는 파일로 철을 해 묶어 놓는다. 그것을 어디에 보관하든지 상관없지만, 정기적으로 그 아이디어 창고를 검사해야 한다는 점을 잊지 말아야 한다.

넷째, 아이디어를 다듬고 비료를 줄 것.

아이디어는 꾸준히 성장시켜야 한다. 아이디어를 연관 있는 다른 아이디어와 결부시켜 보기도 하는 등 모든 각도에서 연구해 보는 것이 바람직하다. 그렇게 진행하다가 기회가 오면 그것을 사용하면 된다.

다음은 창조력을 계발하는 데 도움이 될 만한 두 가지 원칙이다.

첫째, 당신의 생각과 대화 속에서 불가능이라는 단어를 배제시켜라.

불가능은 실패의 표현이다. '할 수 없다.'는 생각은 당신이 말한 대로 할 수 없음을 증명할 자료만을 찾아내는 연쇄반응을 일으키게 된다.

둘째, 하고 싶다고 생각은 하지만, 할 수 없다고 느낀다면 이를 철저하게 분석하라. 먼저, 그 일을 할 수 있는 이유와 없는 이유를 나열해 글로 작성해 본다.

능숙한 대화의 달인이 돼라

    리더는 영어로 'Leader'라고 해야 맞지만, 요즘에는 'Reader'라고도 불리는 추세다. 진정한 리더는 이끌어 주는 리더만이 아니라, '남의 말을 잘 들어 주는 경청자이자 남의 마음을 잘 읽어 주는 사람'이어야 한다는 의미일 것이다. 그래서 사람의 입은 하나요, 귀는 둘이 아닐까.

    제너럴 일렉트릭 사에서는 관리자 및 감독자 리더십 교육을 할 때 지도자, 즉 'Leader'라는 단어의 철자 하나하나에 담긴 의미를 가르친다고 한다.

   L 경청한다(Listen)

   E 설명한다(Explain)

A 원조한다(Assist)

D 이야기한다(Discuss)

E 평가한다(Evaluate)

R 응답한다(Respond)

여기서 맨 처음에 Listen이 나오는 것은, 그것이 가장 중요하기 때문은 아닐까.

대화할 때, 상대방이 말하는 것이 무엇이든 열심히 진지하게 들어주어라. 단, 그냥 생각 없이 듣는 것이 아니라 상대방의 입장이 되어 적극적으로 들어 주어야 한다. 이것을 '적극적인 경청Active Listening'이라고 한다. 카운슬링을 할 때 상대방의 이야기를 열심히 들어 주기만 해도 그 사람은 어느 정도 가슴속의 응어리가 풀린다고 한다.

세상에는 상대방의 이야기를 절대로 오래 들으려 하지 않고, 처음부터 끝까지 자기 말만 하는 사람이 의외로 많다. 그러한 부류의 사람은 인간적인 매력이 떨어질 뿐 아니라 인간관계에서도 손해를 많이 보는 사람이다.

이야기를 듣는 쪽이 취해야 할 태도는 다음과 같다. 상대방의 입장이 되어 들을 것, 열심히 듣고 있다는 것을 태도로 나타낼 것, 비밀을 들었다면 결코 입 밖에 내지 말 것 등이다.

또한 자신에 대한 조언이나 충고 같은 것은 냉정하고 솔직하게, 그리고 겸허한 마음가짐으로 귀 기울여 들어야 한다. 듣고 난 다음도 중요하다. 껄끄럽고 불쾌한 표정을 짓지 말고, 고마운 마음을 표시하는 게 좋다.

1865년 4월 15일 아침, 포드 극장에서 암살범의 흉탄에 쓰러진 링컨은 극장 맞은편 어느 싸구려 여관의 침대에 눕혀져 죽음을 기다리고 있었다.

이 비참한 광경을 지켜보고 있던 스탄턴 육군 장군은 이렇게 말했다.

"여기에 누워 있는 사람만큼 완전하게 사람의 마음을 지배할 수 있었던 사람은 세상에 둘도 없을 것이다."

그렇다. 링컨처럼 사람의 마음을 교묘하게 사로잡을 수 있었던 사람도 드물 것이다. 링컨은 실로 사람을 다루는 데 있어 탁월한 능력을 가진 사람이었다. 말 한마디로 부하나 하인들을 감복시켜 충성을 다하게 이끌었으며, 말 한마디로 수많은 청중들에게 깨우침을 던지기도 했으니 말이다.

그렇다면 링컨처럼 상대방을 움직일 수 있는 대화 기술에는 어떤 것이 있을까.

첫째, 상대방을 자극한다.

"자네들에게는 무리겠지만, 한번 해 보겠나? 노력하면 할 수 있을지도 모르니까."

이런 말은 상대방의 마음에 자극을 주어, 분발하게 하는 데 그 목적이 있다.

둘째, 감동을 준다.
마음을 촉촉이 적시는 이야기는 상대방을 감동시킨다.
그러나 도가 지나치면 감정적이 되어 다른 이야기가 귀에 잘 들어오지 않게 된다는 점을 알아야 한다.

셋째, 즐거운 이야기를 한다.
즐거운 이야기는 언제 어디서나 듣는 사람에게 편안함을 안겨 주고 긴장을 풀어 준다.

넷째, 용기를 북돋워 주는 이야기를 한다.
유명한 사람의 이야기보다 평범한 사람이 고통을 참으면서 노력한 결과로 무언가를 해냈다는 이야기 같은 것이 좋다. 그러면 '나도 할 수 있다.'는 자신감을 느낄 수 있다.

또한 목적에 따라서 이야기를 어떤 순서로 배열하고, 어떻게 이야기하느냐 하는 것도 중요하다. 이는 요리의 맛과 같은 것이다.
자기 입맛에 맞는 음식이 가장 맛있는 것처럼, 이야기도 상대방에 따라 적절히 바꾸지 않으면 안 된다.

일반적으로 젊은 사람들은 웃음이 깃든 이야기, 중장년층은 부모가 자식을 생각하는 이야기, 할머니나 주부는 자식이나 남편의 이야기를 가장 좋아한다.

무릇 이야기는 상대방 중심으로 하라. 즉, 상대방의 관심과 반응에 맞추어 이야기해야 한다는 것을 반드시 기억하고 말을 해야 할 것이다.

인간관계의
고수가 돼라

　　한 설문조사에 따르면, 사람들과의 관계를 잘 유
지하는 방법만 알고 있다면 어떠한 직업을 가졌든 인생에서 성공할
확률이 85%는 보장되며, 개인의 행복은 90%까지 보장된다고 한다.

　　미국의 카네기 공과대학에서 1만 명을 대상으로 '성공에 직접적
인 영향을 주는 것은 무엇인가?'에 대해 조사했을 때도, 놀라운 결과
가 나타났다. 두뇌의 명석함이나 기술의 숙련 정도가 중요하다는 답
변은 15%인 데 비해, 85%가 인간관계가 중요하다고 답한 것이다.

　　또한 하버드 대학에서 조사한 바에 따르면, 업무 수행에서의 실패
나 실수가 원인이 되어 해고당한 사람보다 '서툰 인간관계' 때문에
해고당한 사람의 수가 두 배나 많았다고 한다.

　　이처럼 조직사회에서 인간관계는 업무 수행 능력보다도 우선시되

고 있는 실정이다. 동료들과의 원만한 조화야말로 업무의 효율성과 능력을 배가시켜 주는 역할을 하기 때문이다.

흔히 인간은 사회적 동물이라고 하는데, 이 말 역시 인간관계의 중요성을 나타내 주는 표현이라고 할 수 있다. 사람으로 태어난 이상, 우리는 원하든 원하지 않든 간에 수많은 사람들에게 둘러싸여 있으며, 다른 사람과의 관계를 생각하지 않고서는 성공이나 행복을 바랄 수 없을 뿐만 아니라, 어쩌면 살아가는 자체도 힘들 것이다.

인간관계의 망은 거미줄만큼이나 다각적으로 얽혀 있다. 가족 관계부터 친구, 동료, 조직에서의 관계 등, 사람들과의 관계는 인생을 살아가는 데 있어 가장 중요한 일이다.

돈을 벌고 행복해지고 권세나 명예를 얻기 위해서도 인간관계를 잘 맺어야 성패가 좌우된다는 사실을 다시 한 번 되새겨볼 필요가 있다.

여기 인간관계를 잘 맺을 수 있는 다섯 가지 비결이 있다.

첫째, 상대방의 말을 경청한다.

둘째, 상대방을 칭찬한다.

셋째, 미소의 명수가 된다.

넷째, 먼저 베푼다.

다섯째, 먼저 화해를 청한다.

하루하루에 충실해라

성경에 이런 이야기가 나온다.

예수가 세상을 돌아다니던 어느 날, 군중들이 그를 에워쌌다. 그러자 그는 다음과 같이 말했다.

"너희는 내일을 걱정하지 마라. 내일 일은 내일에 맡겨라. 하루의 노고는 그날로써 충분한 것이다."

내일을 걱정하지 말라는 예수의 말에 사람들은 크게 반발했다.

예수의 말에 의미심장한 진리가 숨겨져 있다는 것을 사람들은 알지 못한 것이다.

사람들은 인생의 성공과 행복을 목표로 줄기차게 노력해 나간다. 그러나 때로는 그 성공과 행복의 문으로 들어가 보지도 못하고, 인생의 종착점에 이르는 사람도 있다.

그래서 철학자들은 인생의 전 과정을 중시해야 한다고 했으며, 인생의 종착점은 곧 죽음이니 하루하루를 의미 있게 사는 것이 가장 현명한 길이라고 말했다.

물론 사람은 내일 일을 주의 깊게 생각하고, 준비하고, 계획해야 한다.

그러나 미래를 위해 살아가는 나머지 현실을 지나치게 조급하게 생각하면 좋지 않다. 먼 미래를 위해 오늘을 저당잡히고 희생당한 채 살아가다 보면 인생의 기쁨과 즐거움을 잃어버리게 된다.

양파 껍질을 까면 그 속에 무엇이 들어 있는가. 계속 벗겨 낸 양파 껍질들도 모두 양파였을 뿐 그 속엔 아무것도 없다.

우리 인생도 마찬가지다. 매일같이 바쁘고 지치게 살아가면서 미래를 위해 달려가다 보면 오늘을 제대로 살 수 없다.

그러므로 하루하루에 큰 의미를 두어야 한다. 미래를 위해 준비를 하는 한편, 하루하루 충실하자는 자세로 사는 것이 중요하다는 말이다.

분노를 보이지 마라

　　다양한 가치관을 갖고 있는 부하 직원들이 자발적으로 의욕을 갖고서 특정의 공동 목표를 향해 행동하도록 만드는 것이 바로 리더의 임무다.

　　그러나 자칫 리더가 절제 없이 감정의 발산을 하는 경우에 부하 직원은 리더에 대한 신뢰감을 잃고 일에 대한 열의가 식어 버릴 수 있다.

　　리더가 화를 잘 내는 사람이면 부하 직원들은 의욕을 잃을 뿐 아니라, '이런 상사 밑에 있는 것보다는…' 하는 기분이 들어, 의욕을 잃을 수 있다. 뿐만 아니라, 최악의 경우에는 그 일로 인해 조직이 무너질 수도 있다.

　　즉, 화를 잘 내는 것은 무능한 것보다 더 여러 사람을 불행하게 할 수 있다. 그러므로 다른 사람보다 위에 위치하는 사람은 무엇보다도 분노를 잘 절제해야 한다.

심리학적으로 분노는 일종의 공격성이고, 심하게 분노를 표출하는 사람들은 정신의학적으로 분열증에 속한다. 가벼운 수준의 화는 일상생활에서 누구나 경험한다. 물론 그런 때에도 화를 누그러뜨리는 훈련을 해야 한다. 화란 적게 내든 크게 내든 근본적으로 똑같다.

그런데 진짜 위험한 분노는 공연히 자신의 열등감 때문에 사회적인 반감을 품거나 주변 사람들과의 경쟁심에서 두려움을 느끼는 데서 기인된 분노다.

그런 분노감은 자신을 상하게 할 뿐 아니라, 일의 능률을 방해하는 요소이며, 성공하려는 사람이라면 절대 있어서는 안 되는 것이다.

성공한 사람들은 대부분 인간적이며 자애롭고 여유가 있다는 공통점이 있다. 그러므로 당신이 진정으로 성공을 원한다면 분노는 적절히 조절해 속히 제거해야 하는 극약이다.

누군가를 비난하지 마라

　　미국의 위대한 사업가 존 워너메이커는 자신의 지난 날을 회상하며 이렇게 고백했다.

　　"30년 전에 나는 남을 비난한다는 것이 얼마나 어리석은 일인가를 깨달았다. 내 스스로의 어리석음도 감당해 내지 못하면서 내 어찌 하나님이 만인에게 평등한 지능을 부여하지 않았다는 것에 화를 낼 수 있을 것인가!"

　　이 말은 깊이 생각해 볼 일이다.

　　과거 독일 군대에서는 아무리 불만스런 일이 생겼다 하더라도 그 자리에서 대뜸 불평을 토로하거나 비판하는 것을 허용하지 않았다고 한다.

　　이것이 곧 독일 국민들의 국민성이 되었는데, 그들은 아무리 화가

치밀어도 하룻밤을 자고 나면 마음이 가라앉게 마련이라는 생각을 대부분 갖고 있다고 한다.

이것은 매우 바람직한 국민성이 아닐 수 없다. 매일같이 바가지만 긁어 대는 아내, 잔소리가 심한 부모, 종업원을 들볶는 사장, 부하 직원들을 못살게 구는 상사…. 이런 사람들은 모두 부정적인 자세로 세상을 살아가고 있는 것이다. 다른 사람을 비난하는 것은 자기 자신에게 아무런 득이 될 게 없음을 분명히 알아야 한다.

사실 일상생활에서 누군가의 흠을 잡는다는 것은 아무 소용도 없는 일이다. 흠을 잡힌 사람은 곧 방어 태세를 갖추고 어떻게 해서든지 자기를 정당화하려 할 뿐만 아니라, 자존심에 상처를 입었기 때문에 더욱 반항심을 갖게 될 것이다.

내가 누군가를 칭찬하면 그도 나를 칭찬하고, 내가 누군가를 비난하면 그도 나를 비난한다. 이 원칙은 변하지 않는다. 성서에서는 '비난받지 않으려거든 남을 비난하지 말라.'는 말로 대중에게 교훈을 주고 있다.

당신이 누군가를 지목해 놓고 번번이 이유 없이 싫어하는 마음을 품어 보라. 사람과의 사이에는 텔레파시라는 것이 있어서 당신이 지속적으로 미워한다는 사인을 상대방에게 보내면 언젠가 그 사람도 당신에 대해 거부감을 나타낼 것이다.

코드가 다른 사람과도
협력해라

움직임이 있으면 반동이 있고, 작용이 있으면 반작용이 따른다. 이것은 자연의 법칙이다. 리더가 있으면 그에 대한 반대자가 나타나는 것도 당연한 일이다.

반대자로 강력한 인물이 나타난다는 것은 내 쪽이 강력하게 리드를 하고 있다는 증거다. 물론 반대로 나의 결점이나 부족함을 반영하는 것이기도 하다.

하지만 기본적으로 리더에 대한 반대자의 역할은 리더의 생각과 노력 여하에 따라서는 오히려 좋은 것일 수 있다.

'호적수', '반면교사反面教師', '적으로 만만치 않은 사람일수록 내 편을 만들면 그만큼 득이다.' 등 반대자에게 배우고, 그를 자기편으로 끌어들이는 일의 중요성을 강조하는 말은 매우 많다.

반대자는 내가 갖고 있지 않은 장점을 갖고 있으므로 내 편으로 만든다면 강력한 힘을 발휘할 수 있을 것이다. 물론 그렇게 반대자를 협력자로 바꿔 놓았다고 해도 다시 새로운 반대자는 나타난다. 그러나 당신은 반대자가 나타날 때마다 환영해야 한다.

그것은 자기 사람이 반대쪽 리더로 성장했다는 것을 의미하는 것으로, 그로부터 배우고, 설득하며, 협력을 구해 그를 이쪽 편으로 만들면 되는 것이기 때문이다. 이러한 식으로 그룹이나 팀은 성장해 가는 것이다.

이를 변증법적 사고라고 해도 좋을 것이다. 정正과 반反의 대립이 합合이 되는 것이기 때문이다. 즉, '정'이든 '반'이든 함께 성장해서 한 차원 높은 새로운 '합'이 된다. '반'이 없으면 '합'이 되는 것도 어려운 일이다.

집단은 방치해 놓으면 '정'이 2, '반'이 2, 중립이 6이 된다는 말이 있다. 중립을 지키는 사람들은 강력한 자기주장을 하지 않는다. 이른바 'I don't know' 그룹으로, 이들은 대세 순응파이므로 강한 사람에게 끌린다.

'정'과 '반'이 팽팽히 맞서 있을 때는 움직임이 없지만, 균형이 조금이라도 무너지면 중간파는 바로 강한 쪽을 따르게 된다. 따라서 중간파보다는 반대파를 공략해서 그중 유력한 멤버를 자기편으로 끌어들이는 것이 훨씬 더 효과적이다.

그러면 2 대 2가 2.2 대 1.8이 되어 힘의 균형이 흔들리고, 결국 중간파는 모두 아군이 되어 압도적인 세력으로 성장하게 된다.

뜻이 맞지 않는 것 같은 사람과도 힘을 모으는 것이 조직을 위해서도, 개인을 위해서도 이로운 것이다.

집단 관리
리더십

"대중의 정신을 고양시키고 자신감을 심어 줄 수 있다면, 그 사람은 뛰어난 리더인 것이다."

영국의 8군 사령관을 지낸 몽고메리 장군의 말이다. 그는 임명되자마자 사병들의 자신감을 불러일으키기 위해 다음과 같은 연설을 한 것으로 유명하다.

"… 나의 임무는 여러분에게 분위기를 만들어 주는 것입니다. 여러분과 함께 숨 쉬며 전투할 수 있는 분위기를 만들어 주는 것입니다. 여러분은 군대 전체에 이런 분위기를 만들어야 합니다. 신병들의 마음을 알고 병사들이 원하는 바를 서로 이해할 때 자신감이 다시 넘쳐날 것입니다…"

이 연설은 바람직한 리더의 면모를 쉽게 잘 표현해 주는 말로서,

명연설로 우리에게 기억되고 있다.

부하 직원을 지도함에 있어 관리직 단계에서는 개인 대 개인의 관리 방식을 위주로 할 필요가 있다. 모름지기 상사라면 부하 직원 개인을 파악하고, 개인을 육성하고, 개인을 움직여 나갈 필요가 있는 것이다.

그러나 현장의 작업 집단일 경우에는 개인 대 개인의 관리 방식으로 개인을 움직이는 것보다는 집단 관리의 방식으로 집단 전체를 움직이는 것이 효과적이다.

어느 회사의 팀장의 경우를 보자.

그는 개인 대 개인으로 집단을 관리하지 않고, 이른바 집단 관리의 방식을 취하고 있었다. 전체 부하 직원들을 세 개의 그룹으로 나누어 각각 다른 책임장을 둔 것이다.

하나의 공정에서 누군가 실수를 범하거나 불만을 말하면, 이를 전체의 문제로 간주한다. 그리고 바로 그 그룹 전원과 리더를 모아 놓고 집단 토의하는 방식을 취한다.

즉, 한 사람이 실수를 범한 경우에 책임자는 그 개인을 불러 주의를 주지 않는다. 왜냐하면 그러한 개인 관리를 하면 그 사람은 체면이 깎일 것이고, 그렇게 되면 그 사람은 기분이 상해, 오히려 더 많은 실수를 할지도 모르는 결과를 가져오기 때문이다.

그러므로 그 팀장은 어떤 문제가 생기면 바로 그룹 전원을 모아 놓고 전체의 문제로서 토의한다.

이런 경우, 각 책임자는 이 그룹 토의를 리드하면서 도달해야 할 바람직한 결론으로 그룹 전원이 스스로 움직여 가도록 해야 한다.

물론 현장의 작업 집단일 경우에는 작업 시간에 그룹 전원을 모이게 할 수 없는 경우도 있다. 기계를 떠나면 생산의 흐름이 정지되기 때문이다.

이와 반대로, 관리직일 경우에는 필요할 때 전부 한자리에 모아 놓고 회의를 하더라도 생산의 흐름이 정지되는 것은 아니다.

직장 밖의 비공식적인 활동에도 힘을 기울여 그룹원이 함께 캠핑이나 야유회를 가는 것도 방법 중의 하나다.

이러한 집단 관리의 방식을 취하면 직장 문제에 관해 모두가 공통의 관심을 갖게 되고, 따라서 한 사람에 관한 문제라도 전체의 문제로 받아들이게 될 수 있다.

이렇게 하면 그룹원들 사이에 의사소통도 활발해지고, 단결력이 높아진다.

그룹 공동의 목표를 달성하려고 하는 강한 협력의 본능이 모든 구성원들에게 우러나오게 되는 것이다.

시간 관리를
현명하게 하라

시간 관리를 잘하는 요령은 다음과 같다.

첫째는 우선순위를 가리는 것이다. 10가지 일이 있다고 하자. 그중 가장 중요한 것부터 우선순위를 매긴다. 자기 스스로 하지 않으면 안 되는 일부터 순위를 매기는 것이다. 이렇게 하면 경영자가 이 사람 저 사람에게 잔소리를 하거나, 관리자가 서류 뭉치를 들고 이리저리 사내를 뛰어다니지 않아도 된다.

두 번째는 짧은 시간, 이를테면 몇 분간의 시간도 유용하게 사용하는 것이다. 시간은 남아도는 것이 아니기 때문에 짜임새 있게 사용해야 한다.

세 번째는 집중이다. 컨디션이 좋고 머리가 맑을 때, 가장 중요한 일을 해라. 아침에 일어나 머리가 멍할 때는 간단한 운동을 하는 것도 좋다. 상쾌함을 느끼게 될 것이다.

또한 고독한 시간은 절대로 필요하다. 하루에 단 10분이라도 좋다. 생각하는 시간을 가져야 한다. 차를 타고 있을 때는 '여기는 달리는 명상실이야.' 라고 생각하면 좋다.

인간으로서 자신과 현재 하고 있는 자신의 일, 장래의 포부 등 깊이 생각하지 않으면 안 될 문제는 얼마든지 있다. 생각할 수 있는 시간에 충분히 생각하는 것이다. 살아가면서 중간중간 자기 자신을 확인하고, 자기 인생을 의식할 수 있는 시간을 가져야 한다. 자신과 자신의 일을 객관적으로 바라볼 수 있는 시간을 갖는 것은 일에 휘말리지 않고 일을 통제할 수 있는 자신이 되게 해준다.

언제까지나 남아 있는 것처럼 생각되는 것이 시간이다.
그러나 시간은 돈이다. 시간의 중요성을 잊으면 안 된다.

06

성공하는 매력 리더십

C O O L & S K I L L

리더라면 자신을 먼저 평가해라

당신이 아무리 화려한 경력이 있고 능력이 뛰어나고 설득력이 있다 해도 다른 사람들이 당신에게 자발적으로 협조하지 않는다면 당신은 리더로서의 역할을 수행할 수가 없다.

리더란 의견이 일치되지 않는 사람들과도 협력해 최선의 결과를 만들어 내는 사람이다. 다양한 사람들이 혼합된 하나의 조직을 효율적으로 리드하기 위해서는 우선 리더가 스스로 자신을 잘 알고 컨트롤할 수 있어야 한다.

다음과 같은 척도로 자기 자신을 평가해 보라.

1 자기 자신에게 관대한가, 엄격한가?

2 어느 정도까지 자기주장을 하는가?

3 자기를 희생할 수 있는가?

4 자기를 얼마만큼 객관적으로 볼 수 있는가?

이런 것들은 모두 다른 사람에 대한 리더의 태도를 말해 주는 척도다. 자기만을 생각하는 리더에게 다른 사람에 대한 배려를 기대할 수 없고, 자기 자신을 엄격하게 단련하고 있지 않은 리더에게 다른 사람을 올바르게 지도하고 훈육하는 자세를 기대할 수 없다.

만일 위 질문에 스스로 답했을 때 리더로서의 단점, 즉 리더로서 부적합한 이유가 발견된다면 그것을 개선하려는 적극적인 의지를 가져야 한다.

물론 단점들은 오랜 세월에 걸쳐 조금씩 형성되어 온 것이므로 간단히 하루아침에 고쳐질 수는 없다. 그러나 노력 여하에 따라서는 얼마든지 단기간에 고칠 수 있다.

아랫사람이 리더를 따르는 이유는 다음 세 가지다.

첫째, 리더라는 권위 때문에 어쩔 수 없이 복종하는 경우.

둘째, 리더의 지식이나 경험, 사고방식 등이 자기보다 훌륭한 경우.

셋째, 리더가 많은 정보를 가지고 있는 경우.

이 가운데 가장 중요한 자질은 둘째 항목이다. 이를 위해 리더는 꾸준히 자신을 연마하지 않으면 안 된다.

모름지기 리더는 자신이 과연 아랫사람보다 뛰어난 능력을 가지고 있는지, 아랫사람보다 정보나 지식의 축적에 노력하고 있는지 객관적으로 냉철하게 자신을 돌이켜보아야 한다.

아랫사람에게 신망을 받지 못한다면 진정한 리더라 할 수 없다. 아랫사람이 자신을 자발적으로 믿고 따를 수 있게 하려면 무엇보다 자기 자신이 스스로 노력하는 자세로 모범을 보여야 한다.

지적할 때는
상대방의 가슴을 울려라

회사에서 부하 직원의 이야기나 보고가 장황하고 지루할 때가 있다. 한창 바쁠 때, 우물쭈물 이야기를 시작하면 신경질이 날 때도 있다.

"지금은 바빠. 다음에 듣도록 하지."

"무슨 소리를 하고 있는 거야. 좀 정리해서 보고할 수 없겠나."

"좀 장황하군. 자네가 하는 말들은 모두가 이미 다 알고 있는 것들이야."

감정을 그대로 드러내며 직원 이야기의 허리를 잘라 버리면 그들은 다시는 입을 열려고 하지 않을 것이다.

"어차피 우리 이야기는 들으려고도 하지 않는데…."

직원들이 이렇게 생각하게 되면 하의상달下意上達의 길은 막혀 버리고 마는 것이다.

바쁠 때면 시간을 정해서라도 직원들의 말에 귀를 기울여 주어야 한다. 부하 직원이 장황하게 한 시간쯤 보고를 했다고 하자.

"알았어. 자네가 하고 싶은 말은 첫째는 무엇, 둘째가 무엇, 셋째가 무엇이 아닌가. 빠진 점이 있으면 지적해 주게나."

"아니, 드리고 싶은 말씀은 그것이 전부입니다."

"좋아, 그럼 이번에는 내가 한마디 하지. 자네는 나에게 1시간가량 보고를 했는데, 나는 자네의 말을 듣고 정리해서 자네에게 다시 묻는 데 3분이 걸렸어. 다음부터는 보고 내용을 철저히 정리한 다음 이야기해 주도록 하게. 그래야 서로 시간을 아낄 수 있을 테니까."

이렇게 조언해 준다면 자기의 말을 들어 주고, 말하는 요령까지 가르쳐 준 것에 대해 감사하지 않을 부하 직원은 없을 것이다.

부하 직원에게 지적을 할 때는 리더로서의 책임감에 근거를 둔 용기와 부하 직원을 아끼는 애정이 전제되어야 한다.

그리고 최소한 다음과 같은 조건을 갖추어야 한다.

첫째, 리더로서의 책임감을 강력하게 자각할 것.

둘째, 부하 직원에 대해 애정을 가지고 있을 것.

셋째, 부하 직원의 잘못이 어쩔 수 없는 것이 아니었나를 확인할 것.

넷째, 자기의 지적에 대해 신념을 가지며, 부하 직원의 과실의 원인이 상사인 자기의 부적당한 언동에 의한 것이 아니라는 확신을 가질 수 있을 것.

다섯째, 부하 직원으로 하여금 자기의 잘못을 자각시킬 수 있는 설득력을 가질 것.

그러나 위와 같은 요건을 갖춘 합당한 지적을 받으면 부하 직원은 리더에게 오히려 고마움을 느끼게 된다. 올바른 지적을 할 줄 아는 리더가 많은 회사는 반드시 발전한다. 파산한 회사의 공통점은 지적 당해 보지 않은 사원이 많다는 사실이다.

"부하 직원의 태만을 엄하게 야단쳤더니 그 자리에서 사표를 내던지고 회사를 그만두어 버렸다. 많은 사람들이 일하는 공장에서 고참이 어린 후배에 비해서 생산성이 떨어지는 것을 본 팀장이 한 번 주의를 주었더니 그 고참은 전보다 더 실수가 많아졌다. 한 상사가 부하 직원을 많은 직원들이 지켜보는 자리에서 몇 번 야단을 친 다음, 그 상사를 비방하는 고약한 소문이 돌았다. 진원지를 알아보았더니 최초 발설자는 야단맞은 부하 직원이었다."

이런 이야기는 수없이 많다. 이런 경우 누구에게 문제가 있다고 할 수 있을까.

다음과 같은 방법으로 상사와 부하 직원의 마음이 교류할 기회를 놓치지 않도록 해야 한다. 이러한 배려를 통해 부하 직원은 성장해 나가는 것이다.

첫째, 많은 사람 앞에서 부하 직원을 욕하지 말라.

부하 직원의 잘못을 엄하게 지적하는 것은, 모든 사람 앞에서 분명히 해도 좋다. 그러나 그 사람의 인격을 손상시키고 그 사람의 입장이 난처하도록 면박을 주는 것은 삼가야 한다.

둘째, 부하 직원과 마음이 통하도록 최선의 노력을 다하라.

리더십은 리더를 따르는 부하 직원들의 지지에 의해서만 생겨날 수 있는 것이다.

셋째, 이유나 원인에 대해서는 단호하게 설명을 요구해야 하지만, 부하 직원의 결점만을 찾는 태도는 피하라.

넷째, 부하 직원과 주고받는 이야기는 서로의 입장을 변호하기 위한 말씨름이 되어서는 안 된다.

다섯째, 부하 직원의 잘못을 불필요하게 확대해 책망해서는 안 된다.

여섯째, 이야기를 주고받으며 부하 직원과 마음의 간격을 없애고, 인간적으로 접근한다.

일곱째, 실패를 통해 더 많은 것을 배울 수 있다고 이야기해 준다.

부하 직원에게 주의를 주었을 경우, 사람에 따라 두 가지의 반응이 나타난다. 갑자기 멀어져 버리고 서먹서먹한 관계가 되거나, 오히려 친근감을 갖게 되는 경우다. 이렇게 다른 반응이 나오는 이유는 부하 직원의 잘못을 지적하는 방법이 달랐기 때문이다.

상사가 부하 직원을 엄하게 야단친 것이 계기가 되어 오히려 마음이 서로 통했다면 그 상사는 진정한 리더십을 지닌 사람이라고 할 수 있다.

사람의 이름을
기억해라

　사람들은 자기 이름을 대단히 중요하게 생각한다. 이름을 기억해 두었다가 그것을 불러 준다는 것은 매우 기분 좋은 일이어서, 시시한 칭찬의 말 한마디보다 훨씬 효과적인 경우가 많다.

　이름을 잘 기억한 대표적인 사람은 제2차 세계대전을 미국의 승리로 이끈 프랭클린 루스벨트다. 그가 사람들의 호감을 살 수 있었던 간단하고 평범한 방법은 상대방의 이름을 기억하고, 상대방에게 자신에 대한 좋은 인상을 심어 준 덕이다.

　루스벨트 대통령은 이렇게 말했다.

　"반드시 유권자들의 이름을 기억해 두어야 한다. 그것을 잊어버린다는 것은 곧 그들에게서 망각되어 버리는 것을 의미한다."

　이것은 정치가가 배워 두어야 할 첫 번째 조항이지만, 어찌 정치가에게만 해당되겠는가. 사람을 움직이고 사람을 지도하려는 자는 이 철칙을 반드시 기억해야 한다.

그러므로 다른 사람과 이야기를 할 때는 이름에 신경을 써야 한다. 아침 인사도 그냥 '안녕하세요?'가 아니라 "○○ 씨, 안녕하세요?"라고 이름을 넣어 불러 주면 좋다.

오래간만에 만난 친구와 안부를 물을 때도 그저 "아이들은 잘 자라지?"라고 하는 것보다 아이들의 이름을 기억하고 있다가 "○○는 공부 잘해? ○○는 어때?" 하고 묻는다면 자상한 배려에 친구는 감동할 것이다.

어떤 사람은 자신이 팀원의 이름을 부르는 횟수를 매일 집계해, 이름을 덜 부른 사람이 있다면 그만큼 그 사람의 이름을 더 불러서 부족한 횟수를 보충해 주었다고 한다.

좀 지나친 것이 아니냐고 할 사람도 있을지 모른다. 그러나 누구나 자신의 이름을 귀하고 중요하게 여기고 있다는 것을 인식하고 상대방의 이름을 친절하게 불러 주는 마음가짐을 잊지 말아야 한다.,

중소기업의 경영자나 대기업의 부장이 되어 직속 직원만 백 명이 넘게 되면 모든 팀원의 이름을 기억한다는 것이 불가능하게 느껴진다.

그러나 이런 경우에도 진정한 프로라면 '자네!'라고 부르는 대신에 '○○ 씨!'라고 직원의 이름을 불러 주는 노력을 해야 한다.

평사원의 입장에서 생각해 보면 하늘같은 상사가 자기를 알아봤다는 사실만으로도 얼마나 기분이 좋겠는가! 그는 틀림없이 상사의 배려심을 자기 동료에게 이야기할 것이고, 이러한 이야기가 퍼져 나가게 되면 그 부서의 업무 실적은 틀림없이 향상될 것이다. 그 상사는 모든 직원들로부터 존경과 신뢰를 받게 되고, 분명 직장은 밝고 생산적인 분위기가 될 것이다.

어떤 고등학교의 교감 선생님은 1,000명이나 되는 전교생의 이름을 모두 외우고, 앉는 자리까지 안다고 한다.

이런 경우도 있다. 어느 회사의 상무 부인에 대한 사원들의 평판이 대단히 좋았다.

그 이유는 한 번이라도 자기 집을 방문한 적이 있는 사원의 얼굴과 이름을 모두 기억하고 있었기 때문이었다.

"당신의 기억력은 대단해!"라는 상무의 칭찬에 부인은 이렇게 대답했다.

"우리 집까지 찾아와 주는 사람들은 모두 당신에게 귀중한 사람들이잖아요. 그러니 열심히 외울 수밖에요."

위기에 강한
인간형이 되라

　　요트에 세 사람이 탔다고 하자. 바람이 순조롭고 파도가 없어 요트가 기분 좋게 질주하고 있는 동안에는 그들의 실력은 나타나지 않는다. 비바람 몰아치는 악천후를 만났을 때, 비로소 세 사람 가운데 누가 가장 숙련된 조타 실력을 가지고 있는지 판명된다.

　　얼핏 보아 순풍에 돛을 달고 있는 것과 같이 보이는 회사에서도 매일 크고 작은 위기가 닥친다. 제품에 관한 사고가 생겼다든가, 거래처에서 제품에 관해 불만을 제기하는 등의 문제가 발생한다. 조직을 변혁하거나 새로운 관리 기술을 도입하는 경우도 회사 입장에서는 위기 상황의 일종이다. 심각한 자금 압박을 받고 있다든가, 업계의 경쟁 격화로 자사의 시장 점유율이 해마다 저하된다든가 하는 것은 회사 전체의 큰 위기에 속한다.

이와 같이 조직은 항상 크고 작은 위기에 부딪히게 된다. 이러한 위기를 능동적으로 극복할 수 있는 사람이야말로 회사에서 적극적으로 발탁하지 않으면 안 될 인물이다.

그렇다면 위기에 강한 사람은 어떤 사람일까. 무엇보다도 이기주의자가 아닌 사람이어야 한다. 이기주의자는 회사의 계획이 순조롭게 진행되어 갈 때는 팀워크를 이루어 잘해 나가지만, 계획이 벽에 부딪혀 상황이 불리하다고 판단되었을 때는 도피해 버린다.

전쟁에서 아군이 이기고 있을 때는 규율도 엄격히 지켜지고 애국심도 발휘되지만, 패색이 짙어져 퇴각이라도 시작하면 모두가 이기주의자가 되어 자기 나라, 자기의 군대는 생각하지 않고 오로지 자신의 생존만을 위해 도망갈 방법을 찾는 경우와 같다.

위기에 강한 인간은 회사가 위기에 직면하더라도 조직에 대한 충성심을 잃지 않는다. 자기 자신만을 생각하는 이기주의자는 결코 할 수 없는 일이다.

또한 위기에 강한 인간은 앞을 가로막고 있는 장애를 뚫고 나아갈 길을 찾아내는 사람이다. 그 사람의 제안이 효과적이기만 하다면, 다른 사람들은 저절로 따라온다.

따라서 자기의 그룹이 당면한 위기를 해결할 아이디어를 찾아낼 수 있는 창의적인 사람은 위기에 직면하면 오히려 사기가 높아지고, 허둥지둥하는 다른 사람들에게 활력을 불어넣어 조직을 결집시킨다. 그리고 마침내 위기를 벗어날 수 있게 한다.

프로야구에서도 팀 전체가 난조에 빠져 위기에 몰려 있을 때, 숨통을 틔워 주는 결정적인 한 방을 때려 주는 멤버가 있다. 평소에 타율이 낮을지라도 이런 사람은 팀에 대한 공헌도가 높기 때문에 귀하게 대접받는다.

당신을 대신할
사람을 만들어라

〈주역〉에는 '통령운統領運'이라는 것이 나오는데, 이는 사람들의 위에 설 만한 관상을 말한다. 이런 사람은 타인을 감복시켜서 물불을 가리지 않고 뛰어들게 하는 능력이 있는 사람, 즉 사람의 마음을 사로잡는 기술을 지니고 태어난 사람을 가리키는 것이다.

아랫사람이 많아질수록 숙식을 같이하면서 직접 지휘하고 격려하는 것이 물리적으로 불가능하다. 따라서 많은 사람을 거느리려면 자기의 분신을 만들어야 한다.

분신이란, 윗사람의 신념에 공감하고, 같은 목표를 향해서 매진하려고 노력하는 사람을 말한다. 당신을 대신하면서도 마치 당신이 직접 일하는 것처럼 임무를 수행해 주는 사람이 바로 분신이다.

그들은 다시 자신 밑에 자기의 부하를 기르고 간부를 만들어 그들에게 책임과 권한을 넘겨 일을 수행해 간다. 그러면 또 다른 하부 조직이 만들어진다. 이렇게 해서 피라미드처럼 조직은 성장하고, 사업은 더욱 발전하게 된다.

그렇다면 어떻게 해야 그러한 분신을 만들 수가 있을까. 앞에서도 말했듯이 대담하게 권한과 책임을 부하에게 넘겨주고 거기에 알맞게 대가를 분배하라는 것이다.

너무 많은 권한과 책임을 준다고 투덜댈 사람은 없다. 그러나 권한과 책임의 양에 비해 분배가 불공평하다면 불평이 생기게 된다.

정당한 권한과 책임을 부여받고, 그에 따른 알맞은 분배를 받을 때 사람들은 보람을 느낀다.

사회생활은 어디까지나 조직 속의 일원으로 살아가는 것임을 자각해야 한다. 전체 조직을 효율적으로 유지해 나가려면 아무리 리더라도 조직원들과 보다 유기적인 연결 속에 협동해 업무를 달성해야 하는 것이다.

그러므로 가능한 한 리더가 된 그때부터 곧바로 자신의 일을 대신할 사람을 정해 놓으면 좋다. 그러면 그 사람은 언제 어느 때라도 리더를 대신해 일처리를 하게 된다.

그에게는 '이런 때 리더라면 이렇게 했을 것이다.'라는 프로그램이 내재해 있다. 그래서 리더가 없더라도 리더가 일했을 때와 똑같은 방법을 찾아내 실행할 수 있는 것이다.

유능한 '서브 리더'가 있는 리더는 불안할 소지가 없다. 자신을 대신해 줄 사람을 완전히 믿고, 평상시에는 그 사람과 일을 의논하고, 비상시에는 자신을 대신할 중책을 맡기기 때문이다.

하지만 반드시 자기가 직접 해야 할 일은 특별한 경우를 제외하고는 맡기지 않는 것이 원칙이다. 중요한 결정 사항, 이를테면 인사나 장기 계획 등은 리더 자신이 책임을 지고 수행해야 한다.

임무 수행에 조금도 차질이 없도록 하기 위해서는 대행자를 결정해 놓고, 이를 전 조직원들에게 명확하게 알려야 할 의무가 있다.

대행자도 한 사람이 아니라 두 번째, 세 번째, 네 번째 식으로 순위를 매겨 복수로 명시해 두어야 한다.

군대에서는 그야말로 '마지막 한 사람이 남을 때까지' 지휘자의 순위가 매겨져 있다. 적탄에 맞아 지휘자가 차례로 쓰러지더라도 절대로 '지휘자 부재'의 상태가 되지 않도록 순위가 매겨져 있는 것이다.

다만, 이 '대행자'와 '후계자'가 반드시 일치하지는 않는다. 대행자는 일반적으로 연공서열에 따라 정해지지만, 후계자는 서열이 아니라 리더의 일을 맡기기에 부족함이 없는 사람을 지목한 다음 특별 훈련을 통해 육성한다는 점이 다르다.

학생의 연구를 지도할 때, 학생 개개인의 능력을 훨씬 넘어서는 것처럼 보이는 높은 수준의 연구 과제를 주어 보면 의외로 대부분의 학생들이 그것을 충분히 소화해 내는 것을 볼 수 있다.

회사에서 리더가 사람을 키우는 경우에도 이와 같은 원리가 적용

된다.

능력을 너무 저울질하다가는 그 사람의 성장이 정지된다. 반대로 직무를 확대해 본인의 능력을 뛰어넘는 직무나 과제를 주면 그로 인해 그 사람은 급속하게 발전해 갈 수 있는 가능성이 많아진다.

이런 식으로 10의 능력을 가진 사람이라면 12에 해당하는 권한을 위양하고, 12의 능력을 가진 사람에게는 15쯤의 권한을 위양하는 것이 좋다.

단순한 작업을 위양하기만 한다면 부하 직원의 능력이 뻗어 나가지 못한다. 부하 직원에게 그가 책임지고 결정할 수 있는 권한을 부여할 때 그의 능력은 급속하게 성장할 수 있음을 기억하라.

N 사는 결단력 있게 젊은 사원들을 발탁해 일의 진행과 성과에 대한 전면적인 권한과 책임을 지우고 있다. 30대의 일개 과장이 다른 회사 같으면 전무나 부사장이 처리해야 할 문제를 척척 처리해 내는가 하면, 나이 어린 평사원이 다른 회사 같으면 과장이나 부장이 아니면 다루지 못할 큰 문제를 처리하고 있는 것이다. 이 회사의 매출은 매년 신장되고 있다.

"그 사람을 사랑하거든 그 사람에게 책임을 주어 보라."

어떤 대기업 관리자의 이 말은 한번 새겨 볼 만하다.

실력에 근거한 인사 정책을 펴라

공평하고 객관적으로 사람을 평가함으로써 유능한 인재를 발탁하고, 그 인재를 적재적소에 배치하는 것이야말로 리더가 갖추어야 할 가장 중요한 조건이다.

그런데 사람을 평가하는 것보다 어려운 일은 없다. 따라서 대개 그 사람의 실적이 아니라 겉모습에 의해 사람을 평가하기 쉽다. 그리고 말도 안 되는 편견이나 선입관에 사로잡히는 경우도 많다.

우리나라의 대개의 회사가 중시하고 있는 것 중의 하나가 학벌인데, 학벌과 연공서열에 따른 인사 방침은 지극히 형식적이라고 할 수 있다. 가장 중요한 것은 개개인의 실력이므로 그러한 인사 관리가 만연하면 회사는 활력을 잃고 경쟁에서 살아남지 못할 것이다.

왜냐하면 사원이 아무리 능력을 계발하더라도 실력을 인정받고,

실제로 그것을 활용해 나갈 수 있는 기회가 공평하게 주어지지 않기 때문이다.

학벌주의를 반대하는 이유는 학력이 쓸데없는 것이어서가 아니라, 학력이라는 조건만으로 사람을 평가하는 방법이 바람직하지 않기 때문이다.

요즘은 능력이 있다고 인정되면 일개 과장으로 있던 사람이 일약 회사의 사장으로 취임하는 경우도 볼 수 있다.

비즈니스의 세계뿐 아니라 공무원 사회 또한 그렇다. 연공서열식으로 승진하던 오랜 전통을 깨고, 선배들을 제치고 몇 단계씩 뛰어오르는 사람도 있다. 실력을 우선시하는 분위기가 우리 사회에도 뿌리내리고 있는 것이다.

이러한 능력 위주의 인사는 무엇보다도 두 가지의 커다란 효과를 지니고 있다.

첫째, 질투심을 깨끗한 경쟁심으로 바꿔 놓는다.

실력 위주의 인사가 자리 잡으면서 조직의 소위 잘나가는 동료에 대한 질투심은 없어지고, 대신 순수하고 긍정적인 의미의 경쟁심이 생겨난다.

질투심은 서로의 발목을 잡아당기는 극히 비생산적인 감정이다. 그러나 질투심이 아닌 경쟁심은 조직의 구성원들로 하여금 앞을 향해 나아가도록 한다.

둘째로, 조직에 개혁을 단행하는 것이 가능해진다.

가령 어떤 회사의 상무가 부사장이나 전무를 제치고 사장이 되었다고 하자. 그 사람은 문제점이 많던 부문에 대개혁을 단행할 수 있다.

이럴 경우, 연공서열에 의해 취임한 사장이라면 전 사장을 가까이 모시면서 그와 똑같은 방침과 태도로 문제를 처리해 왔기 때문에 사장이 바뀌었다 하더라도 회사를 대담하게 개혁할 수는 없을 것이다.

실력 위주의 인사 정책은 이렇게 조직 전체에 이로움을 가져다준다.

매력의 기술

copyright ⓒ 2010, 한광일

지은이 한광일 | 1판 1쇄 인쇄 2010년 3월 22일 | 1판 1쇄 발행 2010년 3월 29일 | 발행인 신혜경
발행처 마음의숲 | 등록 2006년 8월 1일(105-91-03955) | 주소 서울시 마포구 서교동 464-46 서강빌딩 201호
전화 (02) 322-3164-5 팩스 (02) 322-3166 | 마음의숲 카페 cafe.naver.com/lmindbookl
기획 권대웅 | 책임편집 채정화 | 디자인 이지혜 | 편집 박희영, 이옥재 | 마케팅 노근수, 김국현
ISBN 978-89-92783-30-9 03230

저자와 협의하여 인지를 생략합니다.
저자와 출판사의 허락 없이 내용의 일부를 인용, 발췌하는 것을 금합니다.

표지에 사용된 사진은 출처를 알 수 없어 작가를 찾고 있습니다.
추후 사용에 따른 저작료를 지불할 예정입니다.